顏值高有眼緣，高言值得人緣

如何在相識之前
就讓對方留下深刻印象？

如何避免笨嘴拙舌辦錯事？

如何在聚會中
大放光彩？

如何透過電話獲得
對方的好感？……

文天行______編著

前言

一句話能讓人笑，一句話也能讓人怒

話人人會說，但事實上說話並不是簡單的張張嘴，動動舌頭。生活中，我們也常常因為講話不得法而惹人生氣，讓人誤解，而造成尷尬，產生糾紛，甚至因此丟了面子、錯失良機。

俗話說：「一句話說得讓人笑，一句話也能說得讓人怒。」表達同樣的意思，有些人的話聽起來讓人更舒服和更容易接受，另外一些人則相反。這些都和我們談話賀傾聽的技巧有關。

某天晚上，國王夢到自己滿口牙齒掉光，醒來覺得心情很不好，擔心是什麼不好的預兆，於是，命人來解夢。

國王問來解夢的人說：「為什麼我會夢見自己滿口的牙全掉光呢？這代表什麼？」

第一個解夢人聽後解釋道：「國王陛下，這個夢是指當你所有的親屬全都死去之後，你才會死。」國王一聽，勃然大怒，覺得十分晦氣，命人將他杖責二百之後趕出王宮。

國王接著又問第三個解夢人：「你呢？你的解釋也和他一樣嗎？」

第三個解夢人說：「不，國王陛下，這個夢的意思是，您將會是您所有親屬當中最長壽的。」國王聽了之後，立即露出笑容，直誇這位解夢人有學問，並命人賞他一百枚金幣。

明明兩個人說的是同一個意思，為什麼一個挨打，另一個卻受到嘉獎呢？這就是會說話和不會說話的區別。生活中，許多人並不是敗在能力，而是敗在不會說話上。

人的一生，從求職到升遷，從應酬到閒聊，從攻心到說服，無不與說話能力有關。話說得好，小則討喜，大則保身；話說得不好，小則樹敵，大則一事無成。語言是人一生中傳達思想不可缺少的工具，將口才訓練好，不僅可以使你與人相處和睦，還可以為你的生活帶來許多便利。語言是維繫人際關係的紐帶，也是決定你事業高度的關鍵因素。

好口才並不如一些人想像的那樣，只有那些辯論者、演說家、談判者才需要。我們的日常生活同樣需要高言值。你可以透過恰到好處的讚美贏得他人的好感，透過幽默的話語創造和諧的氛圍，經由適當的場面話讓他人留下好印象。總之，好口才對於我們生活上的影響無處不在。只要我們需要與人交往，就離不開說話。

當然，說話的本領並非來自天賦，而是需要我們以敏銳洞察力去感悟，需要在生活的每一個片段中不斷地搜尋、提煉，把它與自己的生活融會貫通，使之真正為己所用。

本書藉由許多貼近生活的事例和精煉的要點，旨在使讀者認識到口語表達的重要性，如何避免敗在說話上，以及如何能讓自己更會說話，如何能迅速練就「高言值」，力求讀者們能在有趣的閱讀中領悟到語言的智慧與力量。

目次

第一章 巧言妙語，迅速獲得對方好感

每個人都喜歡聽好聽的話，就像喜歡聽好聽的歌曲一樣，當他們聽到好聽的話，就會心情愉悅，這個時候正是結交關係的時候。所以，好聽的話是人際關係的催化劑，它能幫助我們迅速在一個陌生環境建立自己的人脈關係。因此與人交談不妨多說好話，讓別人高興，自己也博得他人的好感。

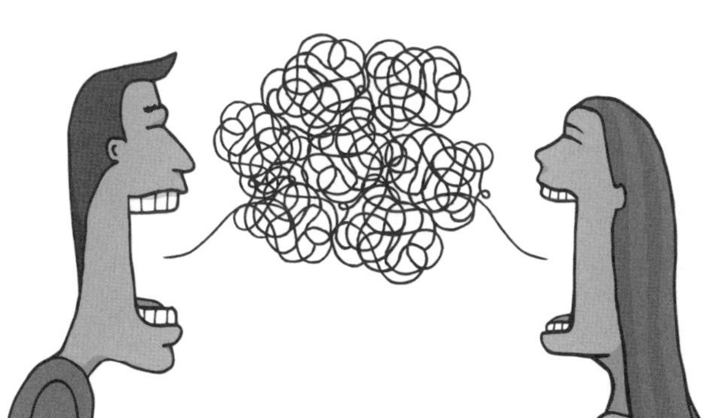

1·物往貴處說，人往年輕講

生活中常會出現這樣一種情況：你買了一件大衣，市場行情是五千元左右，在你討價還價下這件衣服只花了兩千元，當你向朋友展示這件衣服，如果有人說：「這件大衣起碼要五千元，上次我在百貨公司看過這樣的大衣，價格不便宜，而且款式和品質都很棒！」想必這時你心裡一定很爽快；如果有朋友說：「我覺得你買貴了，這個質料頂多賣一千元。」想必你一定會很嘔，覺得對方太不識貨了。

「遇物加錢」、「逢人減歲」是人際關係中令人愉快的說話心理學。物往貴處說，人往年輕講，如果能夠恰當使用，一定會為你的人際關係增色不少。

每個人都渴望自己善於購物，所購買的物品物超所值，這是一種精明能幹的表現。善於購物的人都具有用低價買好貨的本領。但是，即使不是購物的「精明人」，也會希望自己能做精明人才能做的精明事，希望自己的購物能力能獲得別人認可。

物往貴處說固然能讓對方心花怒放，但也不能太過高估，以免讓人覺得很虛假。就像「逢人減歲」一樣，每個人都希望自己年輕漂亮，尤其是對於上了年紀的女人來說，這樣的讚美會讓她們開心不已，但是誇人年輕也要視情況而定，不要說得太離譜，總不能把七十歲的老婦人形容成二十歲的少女吧！

「物往貴處說，人往年輕講」，說白了就是投其所好。當然，我們的出發點是光明正大的，無論是對自己、還是對於對方都是沒有害處的，相反地，這種說話的技巧往往能給對方帶來歡樂。對於這樣的「美麗的錯誤」，大家又何樂而不為呢？這種不顯山不露水的讚美，往往能使陌生關係迅速拉近，使得熟識的人關係更加親密融洽。

2．從對方得意之處說起

美國成功學家卡內基曾說：「釣魚時，你會選擇什麼當魚餌？即使你喜歡吃起司，但將起司放在魚竿前端是釣不到半條魚的。所以，即使你不情願，也不得不用魚喜歡吃的東西來做魚餌。」與他人說話亦是如此，不管你有多麼獨到的見解，或是如何辯才無礙，如果你講的不是對方感興趣的話題，你說得再多也是白費力氣。

每一個人都有自認為得意的事，這事情的本身，究竟有多大價值，是另一問題，但是在他個人看來卻是一件值得紀念的事。如果你能預先打聽清楚，在有意無意之間，自然講到他得意的事情，只要他對你沒有厭惡的情緒，目前也沒有其他不如意的事情煩心的話，基本上對方一定很高興與你攀談的。

有一位業務員去某家公司銷售產品的時候，偶然看到公司老總的書架上擺放幾本關於金融投資方面的書。剛好這名業務員對於金融投資也很感興趣，因此和這位老總聊得很愉快。結果兩人天南地北的聊開了，從股票聊到外匯，從保險聊到期貨，聊人民幣和美金的投資心法，聊得都忘記時間了。直到過午時分，這位老總才突然想起來，問這名業務員：「你要賣的那個產品到底有甚麼特色呀？」這名業務員立即抓住機會為他做了介紹，老總聽完之後，馬上回說：「既然產品如你說的那麼好，那麼我們就下訂單囉！」

人與人溝通，很難一開始就產生共鳴。當我們試圖說服別人，或對別人有所求的時候，最好從對方感興趣的話題切入，不要太早表露自己的意圖，你一面聽，一面說幾句表示讚賞的話，即使他是個冷靜的人，也會變得和藹可親的，然後利用這個機會，稍稍暗示你的目的，自然會有皆大歡喜的結果。

當然，你在說話的時候還是要注意技巧，可以表示敬佩，但不要過分推崇，否則反而會引起別人的不安與懷疑。對於事情的關鍵點，要慎重提出，加以正反兩方面的闡述，讓對方認為你是他的知己。

3・發揮「高帽子」的作用

人性最深刻的原則就是希望別人對自己加以賞識，即使對方明知你說的是奉承話，心中也會沾沾自喜，這是人性的弱點，永遠也改變不了的弱點。讚美猶如陽光，獲得別人的肯定和讚美是人們共同的心理需要，一旦得到滿足，便會成為積極向上的原動力。

與曾國藩、左宗棠並稱大清三傑的彭玉麟，有一次路過一條狹窄小巷。一個女子正在用竹竿晾衣服，一不小心竹竿掉下來正好打在彭玉麟的頭上。彭玉麟勃然大怒，指著女子大罵。那女子一看是彭大人，嚇得冷汗直冒。

但她猛然間急中生計，便正色說：「你這副腔調，這樣蠻橫無理。你可知道彭大人就在此地為官嗎？彭大人清廉正直，假使我去告訴他老人家，恐怕你是要挨棍子的。」彭玉麟一聽這女子如此誇讚自己，不禁得意洋洋，而且馬上意識到自己剛才的失態，心平氣和地走了。

現在這個社會，因為各種壓力的存在，人們在忙碌中逐漸丟掉了許多東西，包括短短幾句讚美之語。沒有被人讚美與肯定，人們開始失去自信，所以一般的「高帽子」，大家都樂意接受。然而，「高帽子」卻不是人人都會戴的，需要技巧和智慧。如果戴得不好，則會適得其反。所以，我們在說服別人之前，應該要有技巧地為他戴「高帽子」。

卡內基小時候是一個公認的壞男孩。在他九歲的時候，父親把繼母娶進家門。當時他們還是居住在鄉下的貧苦人家，而繼母來自富有的家庭。父親邊向繼母介紹卡內基，邊說：「親愛的，希望妳要多留意這個全郡最壞的男孩，他已經讓我無可奈何。說不定明天早晨以前，他就會拿石頭扔妳，或者做出妳完全想不到的壞事。」

出乎卡內基意料的是，繼母微笑著走到他面前認真看著他，接著她回頭對丈夫說：「你錯了，他才不是全郡最壞的男孩，而是全郡最聰明最有創造力的男孩。只不過，他還沒有找到發洩熱情的地方。」

繼母的話說得卡內基心裡熱乎乎的，眼淚幾乎滾落下來。就憑著這一句話，他和繼母開始建立友誼。也就是這一句話，成為激勵他一生的動力，使他日後創造了成功的二十八項黃金法則，幫助許多人走上成功和致富的道路。

在繼母到來之前，沒有人稱讚過他聰明，他的父親和鄰居認定他就是壞男孩。但是，繼母用一句話，便改變了他一生的命運。卡內基十四歲時，繼母為他買了一部二手打字機，並且期許他成為一名作家。卡耐基接受了繼母的禮物和期望，開始向當地報社投稿。他了解繼母的熱忱，他親眼看到她用自己的熱忱，改變了他們的家庭。所以，他不願意辜負她。

來自繼母的這股力量，激發了卡內基的想像力，激勵了他的創造力，幫助他和無窮的智慧發生聯繫，使他成為美國的富豪和著名作家，成為二十世紀最有影響力的人物之一。

記得卡內基訓練中的一篇經典文章曾有這樣一句話：「掌聲可以使一隻腳的鴨子變成兩隻腳。」在日常交往中，人人需要讚美，人人也喜歡被讚美。如果一個人經常聽到真誠的讚美，就會明白自身的價值，有助於增強其自尊和自信心。特別是當交際雙方在認識上、立場上有分歧時，適當的讚美會發生神奇的力量。不僅能化解矛盾，克服差異，更能促進理解，加速溝通。所以，善交際者大多也善於讚美別人。

讚美，就像一劑良藥，能夠癒合對方因為錯誤而引發的心靈創傷和悔恨，除去心頭的痼疾，矯正行為的錯誤，鼓舞其改過的信心，點燃其向善的勇氣。正如邱吉爾所說：「你想要人家有什麼樣的優點，你就怎樣去讚美他吧！」生活在社會中的每個人，都希望得到他人的讚美。讚美往往會激發聽者的自豪和驕傲，從中了解自己的優點和長處，認識自身的生存價值，從而融洽和諧人際關係，創造美好的心境。

4．多說些尊重性的話

印度詩人泰戈爾有一句話非常經典：「你希望別人怎樣對待你，你就應該怎樣對待別人。」你尊重他人，他人就會尊重你，這是人與人之間的公平交易。我們對待別人的態度往往決定著別人對待我們的態度，就如同一個人站在鏡子面前，笑時鏡子裡的人也跟著笑；對著鏡子大喊大叫，鏡子裡的人也大喊大叫。因此，要想獲得他人的好感和尊重，首先自己必須尊重別人。

我們常常會在比我們身分高的人面前，表現謙虛，而在與我們地位平等的朋友或者同事面前，就會很放鬆，甚至會因為自己有某方面的優勢，而處處顯出一種優越感，這樣做的結果只會讓人離你越來越遠。無論一個人的身分如何都希望受到尊重。如果我們因為一個人穿著打扮不講究而面露不屑，或者因一個人的貧富而心生歧視，那麼我們不僅會失去別人對自己的尊重，而且會失去更多。

齊雲畢業於大學名校，獲聘到總經理辦公室祕書一職，由於他文字表達能力強，工作做得出色，又善於察言觀色，很受總經理器重。

齊雲的表現獲得公司高層的一致好評，當總經理助理的職位空下來的時候，齊雲接替這個職位幾乎是不爭的事實，齊雲聽到這一消息後心花怒放。可是，這板上釘釘的事卻出現了變化，原因就是齊雲對同事的態度。齊雲自以為是老總的紅人，就覺得比同事高人一等，不但對同事愛理不理的，說話的口氣也是頤指氣使，不給人留點面子。

一天上午，公司傳達室那位相貌平平的女工來給總經理送報紙，恰逢總經理不在。她把報紙放在桌子上，可是轉身的時候，不小心碰掉了。女工剛要彎腰去撿，就聽到旁邊的齊雲嚴厲命令道：「粗手粗腳的，快把報紙撿起來！」沒想到，送報紙的女工一點也不示弱，回擊道：「請你口氣好一點！」齊雲冷笑道：「一個女工還要怎麼尊重呀？」女工氣得一時說不出話來，摔門而去。

後來，不知道為什麼，提拔齊雲任總經理助理的事情一直沒下文，老總對待他也不像以前那樣熱情了，就在這時，一紙調令將他調回市場部的基層。他拿著調令找到老總，坦率地問：「我想知道我做錯了什麼？」老總說：「從你的工作來看，你還不成熟，還需要在基層部門磨練磨練。」後來，他從別人對自己的議論獲悉原來那位女工是老總的表妹，這才知道自己被調離的真正原因。

用友善的眼光注視別人，對每一個人報以微笑，用友好的方式來表達自己的尊重之意，別人也會以同樣的方式來回報你。尊重公司裡的每一個人，這不僅僅是一句口號，更需要你確實地去貫徹執行。

無論一個人是貧窮還是富貴，是公司總裁還是掃馬路的清潔工，都應該受到尊重。有些非常「勢利」的人總喜歡戴著有色眼鏡看人，看人家穿著樸素，就仗著自己有錢而趾高氣揚，殊不知，對方的身分隨時都會改變，就好比一個修剪花木的老頭，實際上有可能是公司的總裁！所以，我們要懂得尊重每一個人，不要以貌取人，更不該待人勢利或刻薄。

5．把「我們」掛在嘴邊

生活中我們不難發現有這樣一些人，總是喜歡把「我」掛在嘴邊，這樣的人太以自我為中心，凡事只希望滿足自己的欲望，要求人人為己，卻置別人的需求於度外，不願為別人做半點犧牲，不關心他人痛癢。

這樣的人要求所有的人都以他為中心，恨不得地球都圍繞他的意願轉，服從於他。他們只要集體照顧，不講集體紀律，否則就感到委屈、受不了。這種人強烈希望別人尊重他，卻不知道自己也應該尊重別人。總之，這些人心目中充滿自我，卻唯獨沒有他人，信奉的是人不為己，天誅地滅。

有人曾做過調查，人們每天最常用的一個字就是「我」。為什麼人們對「我」特別關心呢？因為大多數人都喜歡被人稱讚，也喜愛稱讚自己。因此，你若想博取別人的好感，就要懂得維護他人的自尊心，避免落入以自我為中心傾向，千萬不要常把「我」字掛在嘴上。

小飛參加同學聚會，剛開始大家聊得很愉快，可是聊到後來，氣氛一下子沉重起來，很多同學都沉默了。原來每次談到一個話題，小飛都會搶過話頭滔滔不絕，不給別人有說話的機會，似乎所有同學都得圍著他轉。

當老班長提議有時間大家可以一起組團出國旅遊，小飛立馬說道：「我上次去日本，怎麼怎麼……」聊到哪家料理不錯，小飛說：「才不好呢！我覺得應該去……」和小飛要好的大鵬發現小飛的這個問題，好心提醒他，但是小飛完全不當一回事，依然故我，甚至還惱羞成怒不理大鵬。後來，同學會大家再也不通知小飛了，連最要好的幾個同學也漸漸疏遠他了。

在人際交往中，「我」字講得太多並過分強調，會給人突出自我、標榜自我的印象，這會在對方與你之間築起一道防線，形成障礙，影響別人對你的認同。

一篇名為《良好人際關係的一劑藥方》的文章曾經刊登於《富比士》雜誌上，文章中寫道：語言中最重要的五個字是「我以你為榮！」語言中最重要的四個字是「您怎麼看？」語言中最重要的三個字是「麻煩您！」語言中最重要的兩個字是「謝謝！」語言中最重要的一個字是「你」，語言中最不重要的一個字就是「我」。因此，會說話的人，在語言傳播中，總會避開「我」字，而用「我們」當作開頭。

所以與人談話時，學會把「我」改成「我們」，會贏得他人對你的好感，更容易獲得別人的友誼，增加你人際交往的成功率。

6・多請教以滿足他人的為師欲

相信每個人都經歷過這樣的事情：當你的同學、朋友向你請教各種問題，認真聽你講解的時候；當你的下屬一臉崇拜要你傳授經驗的時候，無論你心情如何，多麼繁忙，都會滿面笑容地為他人解惑，並在心中感到非常滿足。

仔細想一下你的這種親身體會，就會發現，成就感在每個人的心中是多麼根深蒂固。別人向我們虛心請教，就表示我們在某些地方表現出眾。在別人向我們請教時，心裡不由自主地就會湧起一股自豪和愉悅感，它不僅引導著我們的心靈，還主宰著我們的理智。相信每一個擁有健康心靈的人都喜歡這種感覺、享受這種優越感。

張小寒和李夢雲兩個人都是老闆的祕書，能力不相上下，都寫得一手好文章。但是兩個人的做法不同。張小寒善於領會上司的意思，寫出的稿子往往是一錘定音，老闆也挑不出什麼毛病來。而李夢雲則顯得似乎有些笨拙，每次初稿總是有些不盡人意的地方，每次都要請老闆斧正。文章經老闆一點撥，立刻就能改得漂漂亮亮。

幾年後，人們發現，張小寒仍在那個祕書的位置，而李夢雲早已另有重用，步步高升了。有人問李夢雲其中的奧祕，不再是祕書的她微笑著說：「如果你的資質與老闆一樣厲害，甚至比老闆還高明，那要老闆幹什麼？」

原來李夢雲主動貶低自己，以請教來突出老闆的高明，從而使老闆獲得某種心理上的滿足感，這的確使老闆有一種成就感，而正是這種感覺使李夢雲獲得成功。每一個人都具有好為人師的一面。要交朋友、求人幫忙，就要充分利用對方好為人師的特點，利用得好，就能贏得對方的好感，事情就可以辦得又快又好。

在需要他人幫忙的時候首先滿足他的虛榮心是一個不錯的切入點。要求別人幫忙時，你不這麼做是不行的，如果你表現得比對方還出色，對方在心理上就會產生一種挫敗感，心態不好的甚至會對你產生反感，這樣一來，該幫的或不該幫你辦的事就都辦不成了。

每個人都有他的長處和短處，對方再不濟，也會有出色的一面；你資質再高，也有不如人的時候。所以，不管是在平常的人際交往，還是在工作領域與同事或上司相處的過程時，適時表現出某些不如人處而向他人請教，不僅讓他人感到心情舒暢，有被重視的感覺，同時也是提高你人氣的一個好方法。

7．多說別人的長處，少說別人的不足

「良言一句三春暖，惡語傷人六月寒」，一句善意的鼓勵，或惡意的批評，有時會改變人

的一生。一句表揚的話，常常使人信心倍增，勇氣加倍；一句惡意的批評，會使人情緒低落，喪失鬥志，失去進取心。

多說別人的長處，少說別人的不足，這是人際交往中必須懂得的道理。所謂「人無完人」，與人相處的過程不要拿著放大鏡去找尋別人的短處，我們應該以一顆寬容的心去包容，多看他人的長處，不僅讓對方心裡舒坦，也會為自己贏得更多友誼。

被擊中痛處，對任何人來說，都不是一件令人愉快的事。無論是什麼人，只要你觸及了他的傷疤，他就會採取某些方法進行反擊。不幸的是，社會上就是有這樣的人，專好推波助瀾，揭人傷疤，誇大其詞逢人就八卦，世間不知多少悲劇由此而生。

任何人都難免犯錯，我們不要一味批評和指責，應看到別人的進步與優點，多一些讚揚和鼓勵。批評和指責只會招致敵對和怨恨。一句鼓勵的話，一個微笑的眼神，都能成為別人進步的巨大動力。

有一次，曾凱然下班回家關門的聲音太大聲，妻子馬麗麗聽見後就對他說：「不想回家就別回來，別一回來就摔門。」於是，兩個人開始互相指責對方的不是，沒完沒了地吵起來。

心情本來就不好的馬麗麗見丈夫對自己有那麼多不滿，心想：你的薪水賺得沒我多，大部分的家事又都是我在做，還對我嫌東嫌西的。於是馬麗麗火了，盡揀一些難聽的話罵丈夫。

「你有本事別讓我們住這破房子啊！還不是你蠢，總被別的同事算計，被別人賣了還幫別人數鈔票，真懷疑你是不是豬腦袋！要不是我去巴結你們上司，搞不好你連工作都沒了，還敢對我大小聲耍脾氣。」

曾凱然受不了妻子的刻薄話，當即摔門而去。晚上十一點多，曾凱然也沒回家，馬麗麗後悔不該拿老公以前的糗事來刺激他，於是開始著急打電話找他。打了好幾通電話曾凱然都不接，於是馬麗麗就發訊息叫他回家。

終於，半夜三點多，曾凱然回來了。馬麗麗立即承認自己做得不對，不該說那些話。雖然自己嘴上那麼說，但真的從來沒有後悔嫁給他。曾凱然抱了抱妻子，告訴她以後別再犯同樣的錯誤。兩人商定，不管以後再怎麼吵架，也絕對不說傷害對方的話。

此後，兩人雖然還是會有爭吵，但不再揭對方的短。有時候，馬麗麗亂說話，曾凱然就會笑著提醒她當心觸電，馬麗麗反應過來，就會馬上管住自己的嘴。

現實生活中，我們要盡量了解別人，多一些關愛，少一些批評和指責，遇到別人做得不對，應設身處地地想一想，如果是我會這樣嗎？學會換位思考，這比批評和責怪更有益。

「尺有所短，寸有所長」，一個人，不可避免地有些缺點，但是每個人也各有優點之處，如果我們一味挑剔別人的缺點和毛病，會沒有朋友，也不可能與他人和諧地長久相處；可如果可以常想他人長處和優點，鐵定會朋友如雲。

第二章 會說場面話，應酬不再是苦差事

應酬是維繫人際關係的重要方法，不應酬和在應酬中不會說話都會導致人際關係破裂。然而過多的應酬讓很多人身心疲憊，所以我們必須懂得如何在應酬中說場面話，才能在應酬中得心應手，讓應酬不再是一件苦差事。

1・場面話讓素昧平生的人一見如故

自古以來就有相見恨晚這一說法，一見如故成就了多少知己好友，而要掌握「一見如故」的訣竅就要善於和陌生人打交道，給對方留下初次見面的好印象，對擴大你的社交圈子非常有幫助，此時你的開場白就攸關於你與對方的關係如何發展。

那麼究竟怎樣做才能讓對方對你有相見恨晚的感覺呢？以下有幾種開場白的方式可供參考。

・**問候式：**

「您好」是向對方問候致意的常用語。如能因對象、時間的不同而使用不同的問候語，效果則會更好。對德高望重的長者，宜說「老人家您好」，以示敬意；對年齡和自己相仿者，稱「小林，你好」，顯得親切；對方是教師、醫生，說「錢老師，您好」「楊醫師，您好」，有尊重意味。節日期間，說「節日好」、「新年好」，給人以祝賀節日之感；早晨相遇說「您早」、「早上好」則比「您好」更得體。

・**攀親式：**

雷根總統在訪問復旦大學時，面對教室裡一百多位從未謀面的學生，開場白就是：「其實，我與你們學校有著密切的關係，你們校長和我的夫人南茜都是美國史密斯學院的校友，這樣看來，我們都是朋友了！」話一說完，全場掌聲雷動，接下來的談話極為融洽。

攀親是為了拉近彼此距離，建立關係，可不適宜的方式可能會適得其反，例如明明剛認識，卻表現出一副很熟的樣子，反而會讓人因覺得虛假而退避三舍，另外，金字塔頂端客戶向來注重個人隱私，一味攀親帶故，只會挑起對方的防備心。

- **敬慕式：**

對初次見面者表示敬重、仰慕，這是熱情有禮的表現，也表示對於對方的重視。使用這種方式必須注意：要掌握分寸，恰到好處，不能亂吹捧，不可說「久仰大名，如雷貫耳」之類過於誇張的客套話。表示敬慕的內容應因時因地而異。例如：「您這次發的新專輯我聽過很多遍，真的是天籟之音啊！歌詞也寫得非常好。」「前幾天我還看過你錄的節目，非常好看。」寒暄語不一定具有實質性內容，而且可長可短，因時而異。特別要注意的一點就是寒暄語應當刪繁就簡，不要過於老套。

- **觸景生情式：**

觸景生情式是針對具體的交談場景連帶產生的問候語，比如對方剛做完什麼事、正在做什麼事以及將要做什麼事，都可以作為寒暄的話題。

・重視式：

與素昧平生者第一次見面時，要表現出對別人的興趣。這樣做有兩個好處：一、讓對方感到你對他的關注，使他的自尊心得到滿足，從而增強了對你的信任感；二、對別人感興趣，能夠比較全面了解對方的情況，使你在和對方交流的時候能夠迅速抓住話題，引起對方的興趣。

每個人都希望得到別人的承認和肯定，需要別人的誠意和讚美。被別人關注的感覺真的很好，如果第一次和別人交往就被關注，那就更滿足了自己的自尊心，他對你的好感也會更強烈。

2・「無功不受祿」，請客要找好理由

民以食為天，生活中請客吃飯是非常平常的事情，如父母生日、升遷、搬家、節日都成了正當聚會的理由，飯桌變成人際交流的場所、聯絡感情的基地、求人辦事的前提。在這日趨盛

行的請客風潮下，吃飯是一件極簡單的事，但是「請客」就不是那麼容易了。所謂「無功不受祿」，因此，不管出於什麼原因請客吃飯，都要找到一個適當的理由。

佳寧是公司新來的大學生，職場新鮮人的他和辦公室裡元老級同事總有一些不合拍，連經理都說他有些木訥。辦公室裡的同事總能找到理由請客，經理也時不時欣然前往。佳寧感到自己被孤立，因此他也在尋找請客的理由，想藉此跟大家拉近關係。

佳甯沒有女朋友，生日還有半年的時間，他實在找不到可以宴請大家的理由，又怕落個馬屁精的雅號。這天，佳寧在路邊的飯廳吃午餐，看到對面商店門口有個體育彩票銷售點，很多人排隊買彩票。佳甯靈光一閃，頓時想到一個好辦法。

從那天起，佳寧開始買彩票，還有意無意將買來的彩票遺忘在辦公桌上。佳寧買彩票的消息，在同事間不脛而走。還沒等大家把這個消息炒成辦公室最熱門話題，佳寧一大早就鄭重其事地宣布自己中了兩千元，決定請大家吃飯。下班後，經理和同事們跟著佳寧來到了預定好的餐廳，酒足飯飽之後，佳寧從大家的眼神裡看到了認可和友好的神情，自此佳寧漸漸融入這個大團體。

誰都知道，辦宴容易請客難。請客吃飯不是一件容易的事，它的難點主要在於三個：如何請、吃什麼和如何邊吃邊工作。這三個步驟中，首當其衝的就是「如何請」。比如你想要和人家談成一筆生意，如果你直接提出請客，人家肯定不會去。所以請客吃飯也是要講究技巧的，如果你方法不正確，理由不夠好，即使人家去了，也未必能辦成事。

有一位小老闆，想結識某個部門的經理，他也知道自己的斤兩不夠，於是拜託了一位有一官半職並與經理熟悉的朋友去邀請。結果，客是請來了，但經理一看席間的情形，除了請他的朋友之外，其餘盡是「白丁」，頓時覺得大掉身價，開席不到一分鐘，只與請他的朋友碰了一下酒杯，算是給了他面子，然後便藉故離席。至於那個買單的小老闆，經理只作不認識，連招呼也沒有打一聲。

在現在這個複雜的社會裡，誰要想做成什麼事、想結識什麼人、擺平什麼糾葛，甚至討得自己心儀的佳人的歡心，請客都是必不可少的一環。所以我們一定要掌握請客的方法，找個正當的又容易讓人接受的理由。

- **心誠則靈：**

所謂誠意，是一種堅持、耐心、毅力，是一種百折不撓的混合物。簡單地說，這個客戶很難請出來，你就不停地邀請。只要有閒置時間，第一個就給他打電話：「陳總，您今天方便嗎？咱們聚一聚？」「陳總，吃飯了嗎？我發現有一個新開的酒店挺不錯，咱們去試一試？」只要你堅持不懈，沒有人不會被你的誠意打動。

• **未雨綢繆：**

機會總是留給那些有準備的人，臨時抱佛腳乃請客者之大忌。事到臨頭才想到去請主要人物吃飯幫忙，人家十有八九不會答應。假如你是做生意的，你不管有事沒事，總要時常把能夠對你的生意產生影響的相關人物請到飯桌上，相互吃出感情了，真有什麼事，解決起來便是水到渠成。

• **圈子循環：**

不論是商場還是官場，乃至於民間，都存在大大小小的圈子。圈子內外是分得很清楚的。你想要請某人吃飯，必須要先摸清楚他圈內有哪些人。你要請客，最好先找個圈內的人把其他人約好，這樣，當關鍵人物問起你還請了誰時，你只要把另外幾個名字一一報出，保准你請客成功。當然，在席間，你千萬要多敬酒，少說話，最好把自己喝得只剩下買單時的清醒，讓人覺得你夠意思。

• **突出中心：**

你要請客，只能有一個主客，其餘的陪客都要有圍著主客轉的意識，千萬不能請這個主客的上級來共赴飯局。這樣的話，主客不僅失去了「主」的優越感，而且還會產生你用上級來壓他的反感。一旦主客有了這種成見，你就再難請到他了。

請客的理由五花八門，請客的方法也多種多樣，如果你想要達到請客的「目的」，就得好好花費心思去學習，努力尋找讓人信服的請客理由，這樣才能皆大歡喜。

3・學會打開話匣子

面對陌生人的時候，很多人常常手足無措，不知道該如何開口。其實，打開話匣子並不難，因為可以交談的話題就在你身邊。

交談過程中，若話不投機或不善表達，常出現冷場的情況，冷場無論對於交談、聚會，還是議事、談判都是令人窘迫的局面。在人際交往中，它無疑是一種「冰塊」。打破冷場的技巧，就是轉移注意力，另換話題。

冷場是談話即將失敗的一個徵兆，所以，談話雙方對可能出現的冷場，要有一定的預見，並採取措施加以預防。比如，舉行座談會的時候，要精心挑選出席對象，既要考慮到與會者的可能發言率，也要考慮到與會者的代表性，以免坐而不談。有時，甚至還可預先排定座次，盡量不要讓最可能造成冷場的幾種人坐在一起，使說話少一點拘束。同時，還要將健談者與寡言者進行適當的搭配，藉此避免出現冷場。

避免冷場是談話雙方共同追求的，為防止萬一出現冷場，還是要有些準備。作為主人或會議主持者，你可以用下面的做法打破冷場。

- 開個玩笑，活躍一下現場氣氛，並巧妙地轉入正題；
- 向對方介紹一個人、一件事或一樣東西，以轉移大家的注意力，激發他們重新開口的興致；
- 故意挑起一場有益的爭論；
- 就地取材，對環境、陳設等發表看法，引起議論；
- 提出一個多數人都感興趣並有可能參與意見、發表看法的問題；
- 用聊天的方式，同一、兩個人談談家常，問問情況，「明修棧道，暗度陳倉」，引出眾人關注的話題。

談話的話題是否有趣有益和冷場的出現有很大的關係。「曲高和寡」，會導致冷場；「淡而無味」，同樣會引起冷場。不希望出現冷場的交談者，應當事先做些準備，使自己有一點「庫存話題」，以備不時之需。

比如：年齡大的人喜歡回憶往事，同他們聊聊民情的變遷、風俗的演化、本地市政的沿革等。由於掌故頗豐，他們往往會油然而生濃郁的談興。或者，如果沒有別的話題，那麼不妨向他們詢問一下其子孫兒女的近況，一般都能撬開老年人的話匣子。年輕人性格活潑，愛好廣泛，電視、音樂、網路、旅遊、美容等都可激起他們的談興。

與素昧平生者首次交談時，還可以巧妙地借用彼時、彼地、別人的某些材料為題，借此引發交談。有人善於借助對方的姓名、籍貫、年齡、服飾、居室等，即興引出話題，常常會收到好的效果。凡是這一類眼前的事物，最容易引起人們的注意，只要其中有一樣碰巧對方很有興趣，那麼，你與對方的交流就可以更進一步了。

在社交場合，如果只顧自己滔滔不絕，是不禮貌的；「沉默是金」也根本行不通。當社交場合出現「冷場」的時候，應當「急中生智」，打破沉寂，這樣做的最有效的方法莫過於「提問」。在內容上，可以問這個話題「為什麼是這樣？」「現在怎樣？」「將來會怎麼樣呢？」在形式上，可以就你想了解的問題進行發問，還可以從相反的方向提出反問，可以旁敲側擊地探問，也可以窮根究柢地追問。此外，如果你覺得剛才的話題實在不能或不該繼續下去，你也不妨以談天氣、談環境、談飲食、談新聞趣事、談休閒愛好、談養生之道等方式繼續聊下去。

這樣既可以避免尷尬、難堪，也可以由此引出新的話題。

下面列出十條話題，可供冷場時「救急」之用。

- 新聞趣事。
- 日常生活中的「熱點」。
- 旅遊、採購。
- 健康話題。
- 子女話題。
- 影視戲劇。
- 與工作相關的領域。
- 體育運動。
- 個人的興趣。
- 某地的風情、特產。

關心、體諒、坦率、熱情，是打破冷場的最有力「武器」。以這樣的態度去努力，「堅冰」可以融化，僵局不難打破。

4．牽線搭橋，漂亮地為他人做介紹

社交場合中並非人人都相識，參與社交的人往往希望結識更多的朋友，因此，介紹他人便成了社交中必不可少的方式。一個優秀的介紹人可以促使陌生人成為朋友；可以促進雙方的合作；甚至可以使雙方結為秦晉之好。介紹的場合和氣氛應該是自然、輕鬆愉快的，正式的介紹儀式，也是每個人應該知道的，我們就來看一下介紹有哪些需要注意的地方：

第一，介紹者要介紹雙方之前，一定要徵求被介紹雙方的意見。在某種場合下，雖然看起來需要我們介紹，但是我們也不能自作主張，在介紹之前，一定要詢問被介紹者的意願，或者是先向被介紹者打聲招呼，讓他有個準備。如果我們不詢問他的意見，開口就進行介紹，會顯得很唐突，也會讓雙方措手不及。

第二，注意使用尊稱。無論你與被介紹者的關係如何，都必須使用尊稱，因為社交場合，是把一個人介紹給另一個人認識，必須體現出對雙方的尊重，「先生」是對成年男性的尊稱，「女士」是對已婚婦女的尊稱，「小姐」是對未婚女子的尊稱。若是我們更詳細了解被介紹者的資料時，可以不用這些尊稱，直接用他們的「頭銜」。

第三，介紹的標準化順序是為低者先行。比如說，我們邀請很多人到家裡來，但是這些人互相並不認識，這個時候，我們就要充當介紹者的角色了。在介紹的時候，我們要注意不能一窩蜂胡亂介紹。如果有地位上的差別，就要把地位低的人介紹給地位高的人；如果大家地位相當，那就把年輕的介紹給年長的；如果雙方年齡、職務相當，則把男士介紹給女士。

第四，在介紹多人的時候，遵守「尊者優先」的原則，一定要注意先介紹地位高的人。比如在公司的聯誼會上，我們在把己方的重要人物向對方介紹時，就需要先從地位最高的董事長介紹起，然後依次介紹總經理、部門經理、主管等。這個順序是千萬不能弄錯的。

再比如聚會的介紹方法：在宴會、舞會，或普通集會，來賓較多，這時不必逐一介紹，主人只需要介紹坐在自己旁邊的客人互相認識就可以，其餘的人應自動和鄰座聊天，不必等主人來介紹。在家庭式的聚會，可適當向一小組人介紹後到的客人。

想要漂亮地為他人牽線，說話的時候一定要清楚明確，不要拖泥帶水、含糊其詞。比如你向人介紹「張小姐」時，一定要說清楚是「弓長張」；介紹「陳先生」時，最好補充一句「耳東陳」，這樣使人清楚明瞭，避免引起不必要的誤會。

還有，如果你介紹的人有一定的身分地位時，一定要連同他的職務一起介紹，可以加深別人的印象。當然要排除那些不願意透露工作和住所的。

另外還有一種情況：有時候要避免對某一個朋友過分頌揚。一般來說，比較謙遜的人，在熟朋友面前都不喜歡自誇，更何況是新朋友。如果你不分情況，替他人大事吹噓。即使他本人確實如此，也會使他不好意思。且這樣會使他人對你產生「吹牛拍馬」的感覺，這樣容易使人產生反感，造成尷尬的局面。尤其要注意的是介紹異性朋友的時候，這種做法常會引起不好的誤會，因此應該避免。

作為中間人，你一定要懂得介紹的藝術。一個稱職的介紹人能將聚會推向高潮，因為大家在你的介紹下熟識起來，也就不會太拘謹；但是如果你介紹不到位，或者在介紹的過程中犯了一些本可以避免的小錯，就會影響他人的心情，還會讓自己陷入尷尬的境地，所以作為介紹人一定要非常注意措辭，爭取給他人留下好印象。

5・詼諧但不失風度

薩克雷說：「詼諧幽默是人們在社交場上所穿的最漂亮服飾。」從餐桌上可以顯示一個人的才華、學識、修養和交際風度，有時一句詼諧幽默的語言，就能讓客人留下深刻的印象，使人們無形中對你產生好感。所以，知道什麼時候該說什麼話，語言得當，詼諧幽默很是關鍵。

詼諧時常能傳遞給我們一種生活態度和人生智慧。詼諧是思想、學識、聰明才智和靈感的結晶，是一瞬間閃現的光彩奪目的火花。人與人的結交，從語言的角度看，唯其詼諧，可以拉近交際雙方的距離；唯其輕鬆，可以使心與心靠得更近。

保羅紐曼是美國著名的影星，他精湛的演技與叛逆的形象，使他成為好萊塢最受矚目的男演員。一九八二年，保羅紐曼主持了新片《惡意的缺席》（Absence of Malice）的試映會，並參加學生的座談。

有一位學生憤憤不平地說：「我從收音機聽到這部電影的廣告——最後一場是拚得你死我活的槍戰場面，可是實際上，片尾非常平靜和平，像這種虛偽的廣告宣傳實在要不得。」

這位學生說得義憤填膺，現場的氣氛頓時變得十分緊張。保羅紐曼回答說：「我完全不知道廣播電臺的廣告內容。」他停頓了一下，接著說，「不過，下次的片尾一定會出現激烈的射殺場面。因為鏡頭上會出現我用槍打死那位收音機播音員的畫面。」

他詼諧的回答引起哄堂大笑，也化解了緊張的氣氛，贏得了更多影迷的愛戴。

詼諧有著無窮的力量，它可以使老人變得年輕，使年輕人顯得機智；可以吸引眾人的注意力，可以在微微一笑間縮短彼此的距離。詼諧是具有智慧、教養和道德上優越感的表現。我們在遭遇尷尬和緊張的情境下，詼諧能將所有不愉快的分子驅散，讓氣氛變得輕鬆，還能化解矛盾，緩解衝突。

想要在公共場合給人留下一個好印象，詼諧是必不可少的調味劑。詼諧的語言可以讓從未謀面的陌生人一見如故，還可以讓參加聚會的人如沐春風，願意與你交談。詼諧永遠是救場的良藥，練就一套詼諧的本領，無論走到哪，都能讓人很快發現你的存在。

詼諧也是一門藝術，要掌握好這門藝術必須多加修煉，人生處處需要詼諧，但是你要保證在詼諧的同時也要不失風度，如果太不著邊際，甚至信口開河，只會適得其反，不但達不到想要的效果，還會讓他人覺得你沒有水準。所以，一定要牢牢掌握詼諧的「度數」。

6．不傷和氣的「推」酒功夫

在與人交往或辦事的過程中，難免逢酒場，如果你不會喝酒或是不能喝酒，當然不能直接拒絕。那麼，如何把酒「推」出去，又不使敬酒者難堪，就需要有最佳的說話技巧。

楊名喬遷之日，特邀親朋慶賀，王城也在其中，然而王城平常很少飲酒，酒量很差。酒宴上，楊名提議和王城單獨「意思」一下，王城深知自己酒量不佳，連忙起身，一個勁地扮笑臉，說圓場話：「酒不在多，有喝就行。」「我們經常見面，不必那麼客氣。」「你看我喝得滿面紅光，實在是……」最後楊名不了了之，轉向其他人敬酒了。

飲酒當然應是喝好而不喝倒，讓客人乘興而來，盡興而歸。那種不顧實際的勸酒風，說到底，也不過是以把人喝倒為目的，充其量只能說是一種低級趣味的勸酒術，乃勸酒之忌。作為被動者，當喝到平時酒量一半有餘時，應向東道主或勸酒者說明情況。如：「感謝你對我的一片盛情，我原本只有三兩的量，今天因喝得格外稱心，多貪了幾杯，再喝就不可收拾了，還望你體諒。」如此開脫以後，就再也不要喝了。這種實實在在說明後果的拒酒術，只要勸酒者明白「樂極生悲」的道理，善解人意者就會見好就收。

酒桌上的難處我們不難理解，應酬是必然的，確實有的飯局又不能不去，如何應對就要看你的本事了，在實踐中成長，抓緊時間學會推酒的本事，掌握應酬的技巧。學會一些有效的方法，可以不傷和氣達到拒酒的目的。下面就教你一些很管用的推酒詞：

「只要感情好，喝什麼都是酒。」如果你確實不能沾酒，就不妨說服對方，以飲料或茶水代酒。你問他：「我們倆感情好不好呀？」他會答：「好呀！」你順勢說：「只要感情好，喝什麼都是酒。感情是什麼？感情就是理解。理解萬歲！」然後，你以茶代酒，表示一下。

「為了不傷感情，我喝；為了不傷身體，我喝一點。」我是身體和感情都不想傷害的人，沒有身體，就不能體現感情，就是行屍走肉！為了不傷感情，我喝；為了不傷身體，我喝一點。」

「感情淺，哪怕喝大碗；感情深，哪怕舔一舔。」酒桌上，哪怕是千言萬語，無非歸結於一個字「喝」。如：「你不喝這杯酒，一定嫌我長得醜。」「感情深，一口吞；感情淺，舔一舔。」勸酒者把喝酒的多少與人的美醜和感情深淺扯在一起。你可以駁倒它們的聯繫：「如果感情的深淺與喝酒的多少成正比，我們這麼深的感情，一杯酒不足以體現。我們應該一同跳進酒缸裡，因為我們多年交情，情深似海。」

「只要感情好，能喝多少喝多少。」你可以展開說：「九千九百九十九朵玫瑰也難成全一個愛情。只有感情不夠，才用玫瑰來湊。只要感情好，能喝多少喝多少。我雖然只喝一點，但是點點滴滴都是濃濃的情嘛！」

「只要感情到了位，不喝也會陶醉。」跟不喜歡的人在一起喝酒，是一種苦痛；跟喜歡的人在一起喝酒，是一種感動。我們結成好友說明我們感情到位。只要感情到位了，不喝也會陶醉。

酒桌這個交際場所，是挺考驗人的。你不能喝酒，最好學會拒酒。若是不懂拒絕，難免造成尷尬，讓勸酒者掃興，或者讓人覺得你沒有誠意，對你心存意見。

巧妙推酒，不僅要有巧妙托詞，還要有堅持到底的精神，任憑別人天花亂墜地勸，你一定要笑眯眯地頻頻舉杯而不飲，而且振振有詞。這樣時間長了，大家就知道你是真的不能喝，下次也許就不會勸了。千萬不能中途招架不住而投降，這樣一來，別人會認為你不是不能喝，而是沒勸到家，勸的力度加大，你就更難招架了。

7・應酬吃飯要善於營造和諧的氣氛

自古以來，中國人就喜歡請客吃飯。增進主客感情除了要有一桌好酒好菜之外，更重要的是要有和諧融洽的氣氛。尤其當你作為東道主，更有責任為飯局營造一片愉快祥和的氣氛，達到賓主盡歡的目的。

首先，既然請客，就不能太小氣。有些人表面看起來很大方，出手闊綽，實際上卻斤斤計較。嘴裡面說著讓客人隨便點，暗地卻一直在看價錢。

曾俊奇高高興興邀了一幫朋友到飯店吃飯。當服務員把菜單表送上來後，曾俊奇看了一眼價目表，轉頭對服務員說：「你們這裡的菜怎麼比其他餐廳貴啊？」服務員微笑著跟他解釋一番，曾俊奇接著說：「行吧，先吃吃看，如果不是像你說的那樣好，我可是不會付錢的！」曾俊奇讓客人點菜。客人的表情都有點尷尬，只敢隨便點了幾個便宜的菜。

點完菜後，服務員問：「幾位要喝點什麼嗎？」曾俊奇看了一下酒水價格表，猶豫不決，還沒等他說話，客人就看出他的心思，意味深長地說：「算了算了，不喝了，這酒也太貴了！」

曾俊奇一聽這話，立馬高興說道：「其實和其他酒店比起來也差不多，但是喝酒太傷身，不喝也好。」席間氣氛非常沉悶，客人匆匆吃了一點菜，就告辭離開了。

其次，一定要照顧到請客者家人的感受。如果你決定要請客，可以順便邀請對方的家人出席，去不去倒在其次，但是這樣更能顯示你請客的誠意。

萬全勝要請商學院的劉院長吃飯，事先去接劉院長。當時劉院長的父親帶著四歲的孫女在家裡玩耍。到了劉院長家裡準備出發了，萬全勝看見劉大爺抱著孫女將他們送出了門，就禮貌地笑笑說：「劉大爺您留步，不用送了！」劉大爺愣了一下，連忙笑著說：「好好好！」說完陰沉著臉，抱著孫女回到屋裡。萬全勝開車走到半路上，感覺劉院長好像有心事，也不怎麼說話。吃飯的時候，萬全勝講著各種好笑的事情，想讓劉院長開心起來，劉院長都只是敷衍一下，似乎沒什麼興致。一頓飯就這麼不歡而散了。

萬全勝始終想不明白，自己這麼熱情周到，為什麼劉院長悶悶不樂呢？後來，他終於想明白了，原來那一天，劉院長的妻子不在家，沒人做飯。當時劉大爺抱著孫女一起出門，是想一起吃個便飯，哪裡知道自己說了一句：「您留步，不要送了！」就把人家拒絕了。萬全勝想到這裡，不禁後悔連連：「如果一切可以重來的話，我一定從劉大爺的手中接過孩子，然後帶著他們一家一起去吃飯，那樣更是皆大歡喜呀！」

再次，主人一定要注意說話的分寸。請客吃飯一定要注意自己說話的方式，不能像平時一樣不分場合說些破壞氣氛的話。

胡耀權請王興邦到家裡吃飯，胡耀權的妻子精心準備著，笑容滿面地接待客人。不一會兒，菜一盤盤上桌了，胡耀權嘗了一下，便皺起眉頭，罵老婆說：「這個死老婆子，與邦好不容易來我們家吃一頓飯，這菜像是從海裡撈出來的，讓人怎麼吃啊？做了這麼多年飯，手藝一點都沒長進！」

胡耀權老婆聽了他的話，十分生氣。最後開始向客人訴苦。胡耀權一看，也不示弱，對王興邦說道：「你看，我這輩子就毀在這個女人的手上了！」這句話更是火上澆油，胡耀權老婆跳了起來，張牙舞爪地要和丈夫拚命。王興邦本來是高高興興來吃飯的，離開的時候卻滿心愧疚，認為是自己造成了胡耀權家庭的不和。

最後，一定要滿足客人酒席上的需求。請客人吃飯，一定不要限制客人，他想吃什麼就點什麼，想喝什麼就要什麼，如果你加以阻止，只會引起客人的不快。

請客吃飯就是要來者盡興，讓客人吃飽、喝好、心情好才是我們請客的真正目的。所以無論如何你都要花費心思營造融洽和諧的氛圍，這樣才能使雙方增進感情。

8・場面上不可與上司稱兄道弟

如果你的上司非常器重你，經常帶你出席各種社交場合，你千萬不要得寸進尺。如果你當著其他人的面與上司稱兄道弟，想要藉此顯示你與上司的特殊關係，這種行為是非常危險的。上司再民主也需要一定的威嚴。

當眾與上司稱兄道弟只會降低上司的威信。於是其他同事也開始拿上司的命令不當一回事。當上司發現他的工作越來越難做，最終他會發現是你破壞了他必要的威嚴時，那麼，等待你的最低限度不是疏遠，就是請你離開。所以，一定要記住，無論私底下你和上司的關係有多麼好，在職場上不可以和上司稱兄道弟。

上司就是上司，無論你多麼不在意，但是在職場上一個小小的稱呼也能改變你的命運。每個人都想得到尊重，甚至每個人都有一定的虛榮心，你和上司稱兄道弟似乎在向所有人展示你們的關係，給人一種平起平坐的感覺。作為上司的人，肯定不容許發生這樣的事情。也許會有一些上司嘴裡說著沒關係、不介意，但是你對他的不敬他肯定深深記在心上，因此在公眾場合，下屬就該有下屬的樣子，切不可失了分寸，斷送自己的大好前程。

大兵、陳林與劉宇原是一個部門的同事，三人關係非常好，常以兄弟相稱。後來劉宇被提拔做了主任，成了他們兩人的頂頭上司。為慶祝劉宇高升，全部門的同事們第一次吃飯。輪到大兵給劉宇敬酒，他還是像以前那樣喊劉宇「老劉」，劉宇說了句「好兄弟」，然後和大兵碰了杯，一仰脖子乾杯了。大兵心裡想著，就算老劉升主任了，還是我熟悉的那個老劉嘛！

後來陳林對大兵說：「咱們應該喊主任了，畢竟現在和以前不一樣了。」陳林小聲提醒著，但大兵沒放在心上。大兵還是堅持叫劉宇「老劉」，陳林卻客氣地口口聲聲喊「主任」。不久之後，劉宇因為工作的表現很出色，被提拔為副經理，留下一個部門主任的位置。同事們都覺得這個位置應該非大兵莫屬，大兵自己也信心滿滿。可他還沒來得及高興，任命書就下來了，主任的職位落在陳林身上。

這個決定出乎所有人的意料。大兵很不服氣，找到總經理質問，總經理告訴他：「這次任命是劉宇的建議。劉宇誇你確實有能力，但是不怎麼尊重上司。」居然因為一個稱呼！大兵的心裡覺得很委屈。幾天後，大兵辦完辭職手續到經理室向劉宇告別，劉宇一遍一遍地慰留大兵。大兵想起劉宇升遷時的那次聚餐，劉宇嘴裡說著大家都是好兄弟，不用叫什麼主任的。當時，大兵對這句話深信不疑，如今想來懊悔不已。

「經理，我走了。」大兵說。

「叫我老劉就好了。」劉宇紅了紅眼睛說。

「好的，經理。」大兵跨出辦公室的門。

無論你們的關係多麼穩固，一旦對方變成你的上司，地位看來他就比你高出不少，不管你是否承認，你都得坦然接受這個事實。上司需要朋友，更想要得到他人的尊重。生活上，你可以毫無顧忌和上司保持兄弟情誼，但是在公共場合，一定要讓他顯示出上司的身分。你在職場上給足他應有的面子，他自然會對你更加看重。

9．生活應酬離不開打圓場

生活中難免遇到尷尬的場面，這時就需要我們及時出面圓場。在打圓場的時候，我們要審時度勢，準確把握交際雙方的心理，然後運用說話技巧，借助恰到好處的話語化解尷尬，維護交際活動的正常進行。那麼，我們在應酬交際中，怎樣才能不失時機地打好圓場呢？

- **審時度勢，讓各方都滿意**

當交際雙方因彼此不滿意對方的看法而爭執不休時，很難說誰對誰錯，作為調解者應該理解爭執雙方此時的心理和情緒，不要厚此薄彼，以免加深雙方的分歧，並對雙方的優勢和價值都予以肯定，在一定程度上滿足他們的自我實現心理，再拿出雙方都能接受的建設性意見。

- **轉移話題，製造輕鬆氣氛**

當尷尬或僵局出現時，有些人由於情緒上的衝動，往往會在一些問題上互不相讓。在打圓場時，不妨透過轉移話題，用一些輕鬆、愉快的話題來活躍氣氛，轉移雙方的注意力，或透過幽默的話語將嚴肅的話題淡化，使原來僵持的場面重新活躍起來，從而緩和尷尬的局面。

● **幽默提醒**

一位特別挑剔的女人在飯店點了一份煎雞蛋。她對女侍者說：「蛋白要全熟，但蛋黃要全生，必須還能流動。不要用太多的油去煎，鹽要少放，加點胡椒。還有，一定要是一個快活的母雞生的新鮮蛋。」

「請問一下，」女侍者溫柔地說，「那母雞的名字叫阿珍，合你心意嗎？」

● **公平公正**

假如爭論的問題有較大的意義而雙方都有所偏頗，眼看觀點越來越接近，但由於自尊心作怪，雙方又都不肯服輸，那麼第三者應考慮雙方的面子，將雙方見解的精華歸納出來，做出公正評論，闡述較為全面的雙方都能接受的意見。這樣，就把爭論引導到理論的探討、觀點的統一了。

● **聯絡感情**

假如你的朋友突然遇到過去關係很差的人而你又在場；假如你想讓兩個過去抱有成見的人消除前嫌；作為第三者，你應首先聯絡雙方的感情，努力尋找雙方心理上的共同點或共同感興趣的問題。一段音樂、一本書、一部電影、一個故事、一則小幽默、一句諺語、一段相同或相似的經歷都可能成為雙方感興趣的話題，都可以成為融洽氣氛、打破僵局的契機。

• 警告

陳經理在一次業務談判中受到對方公司職員的頂撞。他氣沖沖地給對方公司的經理打電話說：「如果你們不向我保證，撤銷上次那個蠻橫無禮的工作人員的職務，那麼，顯然是沒有和我公司達成協議的誠意。」對方公司的經理聽了微微一笑說：「陳經理，對於工作人員的態度問題，是批評教育還是撤職處理，完全是我們公司的內部事務，不需要向貴公司做什麼保證。這就同我們並不要求你們的董事會一定要撤換與我公司工作人員有過衝突的經理的職務，才算是你們具有與我們達成協議的誠意一樣。」陳經理頓時啞口無言。

• 請走爭端的一半

有的爭論，發展下去就成了爭吵，甚至大動干戈，如果雙方火氣正旺，大有劍拔弩張、一觸即發之勢，第三者即可當機立斷，藉口有什麼急事，把其中一人調走支開，讓他們暫時脫離接觸，等他們消了火氣，雙方冷靜下來，爭端也就趨於平靜了。

• 側面點撥

秦琴和娜娜是非常要好的朋友，有一次，她們的同事欣怡對秦琴說：「我覺得娜娜這人太不厚道了，有時甚至到了無情的地步，你說是不是？」秦琴聽了欣怡的話頓生反感，心想：她居然在背後說我朋友的壞話。但是她又不好當場發作，一本正經地說道：「欣怡，我先問你，我在背後和你議論我的好朋友，她要是知道了會怎樣？」欣怡一聽這話，頓時覺得不好意思，默默離開了。

要想成功打圓場，可以針對實際情況，靈活對待，或用幽默的話語轉移話題，製造輕鬆氣氛；或指出各方觀點的合理性，強調尷尬事件有其合理性；也可以故意歪曲對方話裡的意思，而做出雙方都能接受的解釋；還可以肯定雙方看法的合理性，找到雙方都能接受的解決方法。打圓場如果運用得好，可以融洽氣氛、消除誤會、平息爭端、緩和矛盾、聯絡感情，還有利於打破僵局，解決問題。

第三章

滿足對方心理，求人辦事的話要會說

求人辦事是我們每個人都會面對的事情，能否成功請求別人幫助，關鍵在於能否把話說好。把話說好就是要能讓對方打從心裡願意幫助你，要做到這一點首先要打動對方的心。所以在請求別人幫助的時候，一定要先掌握對方的心理需求，這樣我們的話才能讓對方聽起來如沐春風。

1．「請」人才能辦成事

你有事相求，即便是再好的朋友也不能說：「喂，這件事，你幫我搞定！」毫不客氣的語氣會讓對方覺得不爽，對方難免心裡會嘀咕「說話這麼沒禮貌，到底是誰求誰辦事呀！」拜託人就要有拜託人的樣子，不管對方是誰，至少要有禮貌、態度誠懇，這樣人家才願意幫助你。

某單位接到上級分配的植樹任務，幾十名同事都主動承擔一些任務，唯有幾位出了名的難管教的「老油條」，任憑主任怎麼叫就是叫不動，搞得主任十分難堪。主任把這幾個「老油條」員工叫到辦公室，輕聲說：「我只講最後一遍，我現在很為難，請你們幫個忙。」奇怪，剛才態度很強硬的「老油條們」聽了這句語重心長的話，紛紛表示：「主任，我們不會讓你為難了！」說完立即回去完成任務。

「請」字當頭，畢竟是你有求於人，比如你不知道如何去市立醫院，詢問路人應該說：「請問到市立醫院怎麼走？」請求別人為你解答問題時，應該說：「我想向您請教一個問題，請問您現在有空嗎？」只要你是有求於人，就必須運用請求語，讓別人打從心底願意幫助你。請求別人時，一定要注意禮貌，所謂禮貌是指應該盡量選用被請求者樂意接受的稱呼，比如在問路、請求別人讓座時，這一點尤為重要。向別人問路時，稱老人為老頭，或者直接說「喂」，那你肯定一無所獲。

有個青年人騎馬趕路，眼看天近黃昏，前不著村，後不著店，心裡很著急。正好，有個老漢路過，青年人揚聲喊道：「老頭兒，這兒離客店還有多遠啊？」老漢回答：「五里。」青年人跑了十幾里路都沒有見到客店的影子，他暗暗罵著那老漢時，卻突然省悟到他哪是在說「五里」呀，分明是罵我「無禮！」於是馬上掉頭回去，見著那老漢就翻身下馬，叫了聲「大爺」，沒等他說完，老漢就說：「客店早已過了，你不嫌棄的話，就到我家住一宿吧！」

請求別人，還要把握適當的時機，當對方心情舒暢、時間充裕時，請求他做點事得到答應的可能性很大；當對方不能答應你的請求時，你也不要抱怨、憤怒甚至惡語相加，你還得道謝：「謝謝你！」「沒事，你忙你的去吧！」「沒關係，我再找找別人。」這樣對方下次有機會幫忙時肯定會鼎力相助；如果你不能體諒對方，還對人家施以抱怨，這等於堵死了再次向對方提出請求的路。

請求別人，要端正態度，注意語氣。請求別人雖不需要低聲下氣，但也絕不能高人一等，非得讓別人答應不可，應當語氣誠懇，平等對待。要用協商的語氣，不強加於人是指不用命令、支使的語氣，而多用委婉、徵詢的口氣，例如，盡可能使用「麻煩……」「勞駕……」「可以……嗎？」，即使是很熟的人，這一招也是非常好用的。

尋求他人幫助時，如果不注意言行舉止和態度，往往會引起他人的反感；只要你擺出請求者應有的姿態，相信一定會得到他人的幫助，有時還會事半功倍。

2．「捧」著別人為你辦事

一說到「捧」字，相信大多數人都會露出鄙夷的表情，但凡捧人者總會被視為阿諛奉承，一副諂媚相。尤其是心高氣盛的年輕人，對「捧」心存的看法：一是自視甚高；二是怕別人勝過自己，弄得相形見絀；三是認為有損人格，不屑於捧人。不過，正常交際中的「捧」，並不是瞎吹一氣，而是根據對方實際情況，把對方的長處說出來。會捧人是一種智慧，願捧人是一種度量。求人辦事時，為了拉近彼此的心理距離，增進彼此感情，更為了能辦成事，我們不妨「捧」他一下。

日本有一家關西藥房，藥房老闆特別善於給人面子，說話總是很動聽，因而生意興隆。每當顧客一上門，他馬上起身相迎，滿臉帶著笑容地打恭作揖說：「歡迎光臨」，使進店來的顧客感到心情愉悅，產生被人重視的滿足感。接下來，藥房老闆開始發自內心稱讚顧客，例如對於年紀大的人，就說：「你看起來真年輕！」對於愛美喜歡打扮的小姐太太，說些：「你身上穿的這套衣服很漂亮。」等等，令人聽了舒坦又溫馨的話語。

捧人是一種學問，更是一門藝術。讚美不是拍馬屁，不是誇大，而應該以客觀事實為根據，恰到好處。學生能從老師的讚美中得到榮譽感從而更進步，孩子從家長的讚美中能夠得到關愛從而更有自信，下屬能從主管的讚美中得到熱情從而工作更賣力，客戶能從公司的讚美中得到關懷從而更忠誠於你。

每個人都喜歡受到他人的讚美，這是大多數人的共同心理。也許有的人生性比較內斂，對讚美人的話總是羞於啟齒。「捧」人的話不需要常常說，但是有些時候讚美又是不可或缺的，不要覺得難為情，在對他人有需求的情況下，適時「捧」他一把，會更快達成你的願望。

3・低姿態易成事

與人交往，保持一定程度的低姿態，有時反而更容易獲得別人的尊敬、認同和支持。當你遇到一個很低的門的時候，昂首挺胸地過去，肯定要撞得頭破血流，明智的做法就是彎一下腰、低一下頭，讓低的門顯得比你高就可以了。比如你需要找工作、需要調動、需要開拓廣泛的人際關係，在這所有的活動之中，你可能都處於一種求人的地位，處於一種必須表現低姿態的情境。

有一位博士在找工作時，被許多家公司拒之門外，萬般無奈之下，博士決定換一種方法試試。他收起所有的學位證明，以一種最低的身分去求職。不久，他被一家電腦公司錄用，成為一名基層的程式工程師。

沒過多久，上司就發現他才華出眾，竟能指出程式裡出現的錯誤，這絕非一般工程師所能比的，這時博士亮出自己的學士證書，於是老闆給他調換了一個較高階工程師的工作。過了一段時間，老闆發現他在新的崗位上也游刃有餘，能提出不少有價值的建議，比一般大學生要高明，這時博士亮出自己的碩士身分，老闆又提升他的職位了。

有了前兩次的事情，老闆開始注意觀察他，發現他還是比碩士有水準，就再次找他談話。這時博士拿出博士學位證明，並說明自己這樣做的原因，老闆恍然大悟，毫不猶豫地重用了他。

你有你自己的優勢，在你實力不足的領域之中，你需要別人的說明以解決自己的問題。正如你找醫生看病要付錢一樣，你請別人辦事就要付出一定的外在面子，這是你向對方顯示低姿態的一種具體的代價。如果你有事想請他人幫忙，就一定要學會放低自己的姿態，最起碼的要求就是開口說話要很客氣，畢竟是麻煩對方，有的人可能不好意思開口，一方面感覺很為難，另一方面怕遭到拒絕，但是如果掌握了技巧，就會變得容易許多。

美國赫赫有名的政治家佛蘭克林，在青年時期，有一次去拜訪一位老前輩，年輕氣盛的他昂首挺胸邁著闊步走進老前輩的家門，卻被門框撞了頭，痛得他一面用手捂著頭，一面不解地看著比他身子矮一截的門。老前輩出來迎接他時，看到佛蘭克林這副樣子，關切地說：「很痛吧！可是，這將是你今天訪問我的最大收穫。一個人要想平安無事地活在世上，就必須時刻記住：該低頭時就低頭。這也是我想教你的事。」佛蘭克林把這次拜訪看成是自己一生中最大的收穫，且把這句話當作自己的生活準則，後來他果然成為功勳卓著的一代偉人。做事情不能總是昂著自己高貴的頭顱，該低頭時還是要低頭，否則只會碰得頭破血流。

你去求別人，並不說明別人比你更有價值，或說明別人比你更有尊嚴。它只說明：在你要辦的這件事上，別人由於種種原因比你有更多的主動權。因為主動權操之於人，所以你要表現低姿態，並不代表你人格低賤。

不管從事什麼職業，你都有需要求人的時候，生活在這個社會上，總有些時候，主動權不是掌握在自己的手裡，而是掌握在別人的手裡。老子說，當堅硬的牙齒脫落時，柔軟的舌頭還在。柔軟勝過堅硬，無為勝過有為。學會在適當的時候，保持適當的低姿態，絕不是懦弱和畏縮，而是一種聰明的處世之道，是人生的大智慧、大境界。

4．央求不如婉求

俗話說：「籬笆立靠樁，人立要靠幫。」生活不會一帆風順，總會出現自己難以完成的事情，這時候自然要尋求他人的幫助。但是這時候你一定要注意說話的方式，如果你直接說出請求會顯得唐突，你不妨委婉表達自己的意思，讓他人更易於接受，順利達成你想要的結果。只要你掌握了求人的方法與技巧，就可以使你在需要幫助的時候如魚得水；在身陷困境時一求便應；在事業不順時，馬到成功。記住，求人就是借力，善於借力就能贏！

唐肅宗想請隱士李泌做自己的輔國大臣，但他知道李泌生性倔強，不會欣然從命，所以想出一套巧妙的方法。

首先，肅宗特地命人去請李泌，說是會面敘舊，李泌應召前來。肅宗見到李泌之後，想任命李泌為右丞相。李泌趕緊推辭：「陛下屈尊來待我，視我為賓友，實際上比宰相顯貴得多了。有什麼想法都可以及時稟告，何必定要授官呢？」肅宗一聽這些話，心裡暗暗高興：李泌接受下山會面的要求之後，又接受了答應參謀軍國大事的要求，這樣事情就好辦了。此後，肅宗對李泌待以客禮，出門並騎，晚上同床，事事請教，有勸必從。

不久，依李泌的意見，肅宗詔令長子廣平王李俶為天下兵馬元帥，統率諸將東征安祿山。李俶受命，請求給他一個謀臣。肅宗清楚，這事關國家興亡的大謀臣非李泌莫屬，於是故意對李泌說：「先生白衣事朕，曾有軍士竊竊私語說，黃衣為聖人，白衣為山人，怎麼會混在一起？是不是請先生勉強穿上紫袍，以免除大家的非議呢？」

李泌心想，身著百姓衣服，夾雜在軍人和朝官當中，的確令人矚目，同意了肅宗的請求。不料肅宗緊接又提出更多要求，笑著對李泌說：「既然已經穿上了官服，又豈能沒有官位？」說著把一紙敕文遞給了李泌。李泌一看，自己已被授職「軍國元帥府行軍長史」，敕文上蓋著鎮國大印，想著自己已心甘情願穿上官服，又何妨再加個官名呢？

聰明人說話辦事的時候，總是喜歡多繞幾個圈子再開口。這就能在無形之中暢通交流管道，拉近距離，減少辦事的阻力，讓自己在求人過程中得到最大的實惠。央求不如婉求，不露聲色，委婉地將自己的請求告訴能夠幫助你的人，不聲不響達到自己想要的目的，這是求人辦事的最高境界。

5．運用激將之法，輕鬆達到目的

俗話說：請將不如激將。只要你事先了解對方的好惡標準，只要你知道對方處在社會關係網的哪一個點上，你就可以根據社會平衡關係，機動靈活地激發對方產生某種情感和心理，然後促使對方按照因此做出有利於自己的決策。辦事的過程中，巧言激將，能夠把辦事者的自尊心、自信心激發起來。

生活當中，往往有些人非常自負，如果你採取正常方法去求他辦事，他可能不屑一顧。這時候如果你採取激將法，也許會有意想不到的效果，因為每個人都有不甘服輸的心理，如果你善於利用這一點，對方不服輸的性格就會成為你成功的籌碼。

激將法就是根據人的心理特點，使對方在某種情緒衝動和鼓動之下做出順應的舉措，從而達到給自己辦事的目的。人們常常說：「樹怕剝皮，人怕激氣。」求人辦事過程中，有時採用直截了當的求人辦法，也會被一再拒絕。這種情況下，利用人們愛面子的心理，施以激將法，或許可以順利達到目的。

某廠改革人事制度，招聘車間主任，工人們都希望一位年輕有為的技術員受聘，可這位技術員就是猶豫不決。一位老工人對著他當眾發言：「我說你啊，廠裡花了上萬元送你上大學，學了一手本領，連個車間主任都不敢當，真是窩囊廢！」結果這個技術員在一激之下，終於揭榜出任車間主任，果然不負眾望。後來，他在一次授獎表彰大會上說：「廠裡出錢培養我，車間廣大工人師傅信任我，我怎麼能甘於當一個窩囊廢呢！」

激將法是求人的一種高超技巧。使用激將法往往能夠使對方情緒激動，從而去做一些他平常情況下可能不會去做的事。激將法還可以激起對方的憤怒感、羞恥感、自尊感、嫉妒感或羨慕感等等，這樣被求者在激動情緒還來不及考慮之下也許就會允諾。

激將法就是使對方的內心衝動變成有利於自己利益的辦事妙法，從而完成自己所要做的事情。孟子說過：「一怒而天下定。」這怒是因刺激而起，勇氣也從膽中生，許多事業的成功就靠一怒而成，也有無數壞事起於一怒之下。可見這「激」的功用，達則兼善天下，窮則禍及本身。所以，在求人辦事之前，要先掌握對方的心理與行為特徵，這樣才能達到求人辦事的目的。

6・「好事多磨」，遭到拒絕後堅持言語和氣

生活中，當你需要得到他人說明的時候，卻看到他人正在忙於工作，似乎沒有時間幫助你，也讓你不忍心打斷他們認真的工作狀態。一般情況下，這類人都是非常難以搞定的，工作狂似的人最不喜歡被人打擾，更不願意浪費自己的時間。所以在求他們辦事的時候就要有足夠的耐性，哪怕遭到拒絕也要心平氣和。然後再耐心尋找突破口，軟磨硬泡達到自己的目的。

俗話說：「心急吃不了熱豆腐。」當一個人失去耐心的時候，同時也失去明智的頭腦去分析事情。所以求人辦事沒有耐心是根本行不通的，事實上，耐心也是一種非凡的智慧。生活中

有不少這樣的人，求人幫忙，一旦說出自己的請求，就恨不能對方馬上幫他搞定，絲毫不考慮對方的實際情況。如果人家沒有迅速解決，就心急如焚，最後弄巧成拙。

春秋戰國時代，秦國大舉興兵圍攻趙國的都城邯鄲，趙公子平原君多次寫信給魏王及魏公子信陵君，請求魏國援救。魏王派將軍晉鄙帶領十萬大軍援救趙國，但又懾於秦國的威脅，便讓晉鄙把軍隊駐紮在鄴地等待，觀望形勢的變化。

平原君派出使者向魏軍催促出兵救援，但魏軍仍按兵不動，平原君一氣之下又給信陵君寫了一封信，譴責信陵君見死不救。信陵君接到這封信感到非常憂慮，但無論他採取什麼辦法遊說，都無法說服魏王。信陵君此時真像熱鍋上的螞蟻一樣昏頭了，他把自己手下的賓客聚集起來，並且湊齊了百輛車馬，想奔赴趙國，與平原君一同戰死。

臨行時經過夷門，見到了信陵君最器重的賓客——看門人侯嬴，侯嬴聽了信陵君的慷慨陳辭後非但不加鼓勵，反而冷淡地說：「公子您自勉吧，老臣不能隨你一同去了。」

信陵君走出數里之後，心中很不是滋味，心想我對侯嬴的待遇算是不錯了，如今我要去送死，他憑什麼連一言半句送行的話都沒有呢？信陵君越想越氣，就叫賓客停下來等他，他再度駕車回去找侯嬴。

信陵君回來的時候，侯嬴正站在門口等他，笑著說：「臣本來就知道公子會返回來呀！」

於是，侯嬴向信陵君說出了他心中的計策。信陵君恍然大悟，採用侯嬴之計。說服如姬竊得兵符，調動了晉鄙的十萬大軍，解除了秦國對邯鄲的包圍。

要做到有耐心並不容易，做到平心靜氣更是處世態度的一種境界和修養。這種修養一旦養成，對求人辦事具有重大的作用，也是順勢求人最基本的要求。耐心是一種智慧，是一種心性；耐心是一種大度，更是一種真正的成熟。面對他人的拒絕，我們一定要用足夠的耐心和平和的態度去敲開對方的心門，不急不躁、心平氣和方能成事。

7．巧搬「第三者」，事情更容易辦成

聰明人都是借助別人的力量，去達成自己的目標。一個人不能單憑自己的力量完成所有的

任務，戰勝所有的困難，必須借助「協力廠商」的力量才能達到目的。善於借助他人的力量，既是一種技巧，更是一種智慧。

每個人都有各自的長處和優勢，也許你所缺少的正是他人所擁有的。很多事情就是這樣的，當我們無力去完成一件事時，不妨向身邊可以信任的人求助，也許對我們來說費力不討好的事情，對他們來說不費吹灰之力就能輕鬆解決。與其自己苦苦追尋找不到解決的方法，不如將視線轉一轉，去求助於那些有能力辦成事情的人。

蕭伯納說過：「倘若你有一個蘋果，我也有一個蘋果，而我們彼此交換這些蘋果，那麼你和我仍然是各有一個蘋果。但是，倘若你有一種思想，我也有一種思想，而我們彼此交換這些思想，那麼，我們每人將有兩種思想。」辦事也是如此，當你覺得有些事情很難辦，自己的力量不能使事情圓滿完成時，巧借他人之力，事情辦起來就容易多了。

8・合情合理的話更有說服力

說服，就是運用語言技巧給對方講道理，使之接受，試圖使對方的態度、行為朝特定方向改變的一種影響對方心理意圖的溝通。在現今社會中，當我們和其他人的意見相左時，為了更好完成工作或是想要得到別人認同並給予自己說明，我們就需要去說服對方，以期達到自己想要的結果。真正站在對方的立場上，為對方著想，並全面分析雙方的利弊得失，說話真誠，語氣親切隨和，不卑不亢，合乎情理，這是成功地說服對方的真諦之所在。

說服的過程，實際上就是一個情感互融的過程。中國有句古語，動之以情，曉之以理。人都是感情的動物，真正鐵石心腸的人是不多的。在與人進行交談並勸說別人接受自己的觀點，或者是在尋求幫助時，合乎情理的話更有說服性，如果不能投入感情，整個說服過程就顯得乾巴巴的，讓人聽了很不舒服！

數學家蘇步青上小學時，成績很差，每次期末考試都是倒數第一，別人都笑他「背榜生」。

一次他又蹺課了，老師找到他並告誡他說：「你不讀書，別人怎會看得起你呢？看不起你的原因，不就因為你是背榜生嗎？如果你考前幾名呢？你知道牛頓嗎？他也生在農村，到城裡念書時成績也不好，同學都瞧不起他。一次，一個成績好的同學還故意把他打得趴在地上，他憑什麼？不就是成績比牛頓好、身體比牛頓壯嗎？平時牛頓不敢惹他，這回可不一樣了。他將那個打他的同學逼到了牆角。那同學一見牛頓如此勇猛，只得認輸，從此再也不敢欺負他了。從這件事上，牛頓得到啟發，只要有骨氣，肯拼搏，就能取勝。從此他努力學習，終於取得全班第一的好成績。」

這是蘇步青第一次聽到一位大科學家如何克服自身弱點、奮發圖強的事蹟，這無疑使他心靈受到極大的震撼，從此以後他開始發憤圖強，使自己的學習成績得到根本的改變。

蘇步青的老師透過具體生動的事例，對他動之以情，曉之以理，令蘇步青心悅誠服，終於奮發向上，開啟他的天賦能力。

亞里斯多德曾說過：「說服是透過演講使聽眾動感情而產生效果的，因為我們是在痛苦和歡迎、愛和恨的波動中做出不同的決定的。」理好比是硬物，而情則如水。剛強之物，形可碎而不可變，堅而不韌，強而易脆。而柔軟之物，隨勢變形，柔而耐長久，軟而有韌性。很多說服者在說服他人的時候，往往能催人淚下影響別人，使人不知不覺地接受，達成自己的要求，這就是情感的力量。

9．有力的十種請求方式

柴米油鹽的日常生活中，每個人都會遇到求人辦事的時候，但是有些時候並不是所有人都會爽快答應你，所以要掌握好「請求」的藝術，言行舉止都要有禮貌，讓人覺得你是真誠地需要他的說明，還要讓人產生非幫不可的想法。想要成功，必須充分做到以下幾點：

・縮小請求

盡量把自己的要求說得很小，以使對方能夠順利接受，達到自己的要求和願望。比如：「你借我兩百塊錢就可以了，剩下的我自己再想辦法。」我們確實經常發現，人們在提出某些請求時往往會把大事說小，適當減輕給別人帶來的心理壓力，同時也使自己便於啟齒。

・謙恭請求

透過抬高對方、貶低自己的方法把有關請求等表達出來，顯得彬彬有禮、十分恭敬。比如：「老師您就不要再推辭了，同學們都在恭候！」請求別人幫助，最有效的做法就是盡量表示敬意，使人家感到備受尊重，樂於從命。

・乞諒請求

首先要表示請求對方諒解，然後再把自己的希望或要求表達出來，以免過於唐突。比如：「真不好意思，這次又要麻煩你了。」人都是感性動物，只要你能打動他，他一定會欣然答應你的要求，而適當的語言會使求人的氣氛變得和諧友好。

• **體諒請求**

首先說明自己了解並體諒對方的心情，再把自己的要求或想法表達出來。比如：「我知道這件事你也很為難，但是我實在沒有辦法了，只好請你試一試。」求人的重要原則就是充分體諒別人，這不僅要在行動中體現出來，而且要在言語當中表示出來。

• **明因請求**

在提出請求時最好把具體原因講出來，使對方感到很有道理，應該給予幫助。比如：「我對那邊的情況真的完全不了解，怕把事情搞砸，您是內行，就麻煩你給我一些建議吧！」在提出請求時，如果把相關理由陳述清楚，就會顯得合乎情理，令人欣然接受。

• **借機請求**

借助附加問句、插入語、狀語從句、程式副詞及有關句型等來減輕話語的壓力，避免唐突，充分維護對方的面子。比如：「不知你可不可以把這封信帶給他？」「你能夠幫我拿一下嗎？」我們可以發現，語言中有很多緩衝詞語，只要使用得當，就會大大緩和說話的語氣。

• **自責請求**

首先講明自己知道不該提出某個請求，然後說明為實情所迫不得不講出來，令人感到實出無奈，比如：「我知道現在您很忙，我不該在這個時候提出來，但是真的沒有辦法，只好麻煩您幫幫忙了。」求人的過程中，要知道在有的時候、有些場合打攪別人是不合適的、不禮貌的，但有時又不得不麻煩人家，這就應該表示知道不妥，求得人家諒解，以免顯得冒失。

• **間接請求**

透過間接的表達方式，比如使用能願動詞、疑問句等。以商量的口氣把有關請求提出來，顯得比較婉轉一些，令人比較容易接受。比如：「你可以幫我倒杯水嗎？」間接的表達方式要比直接的表達方式禮貌得多，更容易得到對方的幫助或認可。

• **遲疑請求**

首先講明自己本不情願打擾對方，然後再把有關要求講出來，以緩和講話語氣。比如：「我本來不想再提這件事了，但是都幾個星期了，不知道您是不是忘記了？」在提出要求時，如果在話語中表示自己本不願意說，這樣就會顯得自己比較有涵養。

• **激將請求**

激將請求的奇特之處就在於，求人者從某種意義上貶低了被求者的能力，這樣容易激發被求者的熱情，也給對方和自己留下充分的退路。比如：「也許你做不到，但是我還是想請你幫忙試試看。」在請別人幫忙或者向別人提出建議時，以退為進的方式，比較不會顯得是在強人所難。

總之，無論在什麼情況下，請求人家的幫忙，最重要的關鍵是一定要感謝幫助過你的人，不管事情有沒有圓滿完成，都要向人家表示你深深的謝意。得體的禮儀永遠會為你帶來好運，對於幫助過你的人，一定要有一顆感恩的心。

事情辦成之後切勿過河拆橋，更不能在幫助過你的人面前炫耀你的成功，這樣會引起對方的反感；即使事情沒有辦成，也不要一味地生氣、抱怨，雖然事情沒有得到圓滿解決，但是被求者也是全心全意幫助過你，如果你不知道感謝，還埋怨自己選錯了人，只會讓對方遠離你，朋友幫你並不是為了求得你的回報，更多時候只希望得到一句暖人心扉的話語。

第四章

能做還要會說，才能事半功倍

俗話說：光說不練假把式，光練不說傻把式。說與做是有機結合的整體，只會說嘴的人固然不能取得成功，只懂得默默耕耘的人同樣也無法成功。因為只說不做的人沒有實質的付出，只做不說無法讓人意識到你的付出。所以，會做又會說的人，更能讓自己的付出取得事半功倍的效果。

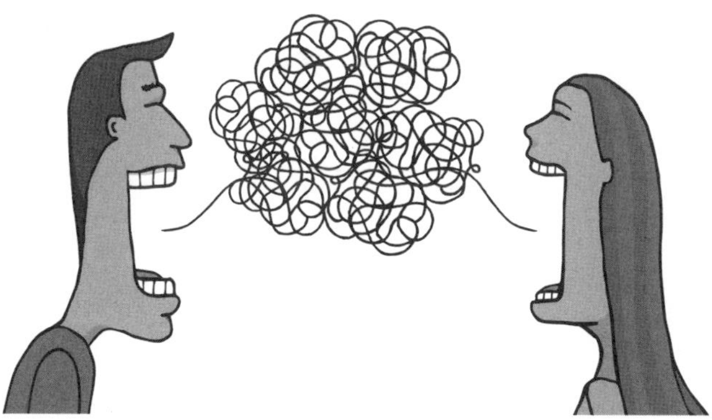

1．這樣向上司提加薪的要求

隨著現在物價直線上漲的形勢，「什麼都漲就是工資不漲」的抱怨聲在上班族口中頻頻而出，但是大部分人在對薪水不滿的同時，卻又不知道如何向上司提出加薪的要求。如果你覺得自己的表現足以拿到更高的工資，覺得工作量超出了你的薪水價值，就可以及時向老闆請求調整薪資，但是若你在不恰當的時機向老闆提出加薪要求，有可能會適得其反，所以提出請求的時機與方式都很重要。

說服老闆加薪，你也要講求方法，要想讓老闆心甘情願掏腰包，你要注意以下幾點：

- **客觀對自己評估**

當你打定主意準備向老闆提出加薪要求的時候，一定得先對自己客觀評估，即你在老闆心中的份量重不重，你在公司的資歷怎樣，你最近有甚麼出色的表現，為公司賺得多少利潤，未來還會為公司做出哪些貢獻，如果你不在是否會為公司帶來損失等等，當你對自己有一個客觀的評估，就能知彼知己，既不會讓老闆為難，也能讓大家知道你是否真正「薪有所值」。

- **選好時機很關鍵**

提加薪要求時選好時機是關鍵。提出加薪要求前應該先了解公司內外和你擔任相同職務的人薪水是多少，最重要是明確誰有權利決定為你加薪。如果你的請求找錯人，那麼即使你有充分的理由，加薪的願望仍會落空。還有，提加薪要求時一定要看上司臉色，不能盲目行事。最好選擇上司心情好、公司業績佳的時候提出加薪，這樣成功率比較高。

・掌握「證據」

一般來說，上司都非常關心公司帳目的收支平衡，當你提出加薪要求時，就要讓上司知道你為公司贏得多少經濟效益，以作為你要求加薪的理由。另外，為了說明你值得被加薪，你必須有禮貌地提醒上司，自己平日的表現及獲得的成績，最好舉出具體的業績量，如果只是說自己比別人努力是不夠的，口說無憑，具體證據才是最好的理由。

・直言不諱

如果你認為自己的潛力足以超越其他平庸之輩，覺得自己的付出與得到的回報不相符，那麼不妨把你的加薪要求直接向老闆提出來。你不願提或不敢提，知情人反而會覺得你這人缺乏熱情，懦弱無能。

・拜託他人傳話

作為一般員工，可能不會直接和老闆打交道，但部門經理會對你了解更多，而部門經理是老闆經常要召集開會的人之一。除此之外，老闆身邊也有比較親近的人，透過他們轉達你的加薪要求有時比你直接開口的效果更好。當然這裡你得把握好一個「度」，即能替你傳話的人一定得是理解你、同情你的人，這樣他在傳話的過程中就能把話說得婉轉些、圓滿些，即使遭到拒絕，也不至於太尷尬，畢竟你沒和老闆「正面交鋒」。

- **假意辭職。**

公司真的離不開你嗎？你這一走馬上就可以找到其他公司的工作嗎？新的公司薪水一定比現在多嗎？這些問題在你假意辭職之前一定得先確認，才不會賠了夫人又折兵。

- **自信和果斷**

一旦你認為自己有充分理由加薪就應該毫不猶豫地向上司提出要求，不少老闆坦言，如果員工沒有提出要求他們通常不會主動加薪。所以，只要你有充分的加薪理由，就可以向上司提出來，因為上司對真正有才華、有貢獻的下屬所提出的加薪要求，是會積極考慮和接納的。

加薪在職場上是一個敏感話題，因此在向上司提出要求之前，一定得謹慎客觀，一旦處理不當，不僅無法達到目的，還可能影響你今後的發展。

2・為自己找升職的理由

相信身在職場，沒有人不想成為主管，然而並非人人都能成為主管。當你覺得自己有能力勝任比現在更高的職位，該如何說服上司為你升職呢？或者說你該如何找到讓上司為你升職的理由呢？

・預先提醒上司

在你正式將想法向上司提出來前，先暗示表明你正在考慮這件事，這樣就不會在和上司商量時讓他毫無準備。你可能會認為這只會給他時間和理由拒絕你，但是請記住，你的目的並不在於要去贏得一場辯論，而是要使上司確信給你升遷是出於對大局利益的考量。

・不要過分謙讓

想坐上某一個位置，就要學會競爭，不能過分謙讓。因此，當你了解某一職位或更高職位出現空缺而自己完全有能力勝任時，一定不能保持沉默，而是要學會爭取，主動出擊，把自己的想法或請求告訴上級。特別是上級已經有了指定候選人，而這位候選人在各方面條件都不如你時，你應該積極主動爭取。過分謙讓只會讓你錯失晉升的機會。

・讓老闆看見你的成績

對你的上司來說，決定你是否值得升職加薪的關鍵因素，與其告訴上級你工作如何努力，不如告訴上司你究竟做了多少成績。試著運用具體的數字來證明你的實績；同時，要避免用描述性的形容詞。譬如，不要說：「我同某某公司談成了一筆生意。」應該說：「我與某某公司做成多少金額的生意。」也就是說，盡可能讓事實替你說話。

你還可以把你的業績簡單寫成報告的形式，總結你在工作中學到的經驗，以報告的形式呈給你的上級，不僅能夠讓他對你的成績一目了然，也方便日後擢升可以查閱。

- **站在公司經營者的角度思考**

站在公司經營者的角度思考，可以讓上司或老闆感受到你是屬於經營團隊的一份子，對經營者來說，你的忠誠與可靠，正是可以交付重要任務的人。在升職的關鍵時期，你千萬要注意不要任意與同事批評你的老闆。

- **要有團隊合作的責任感**

如果你是一個屬於單打獨鬥個性的人，想要挑戰升職可能時，要記住盡可能從協助周遭有需要的同事開始，這代表你可以承擔更多的責任與壓力，以及有協助團隊渡過困難的能力，一旦獲得老闆的信任，升職機率大大提升。

- **扛起壓力與解決能力**

當你在面對巨大的問題或挑戰時，要有「泰山崩於前仍面不改色」的能力，在混亂的狀況中，能夠迅速理清頭緒，找出最有效的解決方法，同時要以積極樂觀的態度迎接挑戰，減少抱怨，如此必能贏得老闆的賞識。

- **要有管理時間的能力**

從你做事的效率，可以看出你在專案執行的成熟度，別人處理一件事的時間，你若能又快又好地同時完成兩件以上的事情，可以顯現你在時間管理上的能力和專案執行的能力。

想要謀求更高的職位，還可以向上司說明你的計畫，告訴上司，如果你的職位得到提升，一定會更努力完成各項工作，也能更有效率處理手頭的業務，並為企業帶來更高的利潤。要讓人信服你，就要證明你在得到提拔之後能給企業帶來的好處，只要你敢於挑戰自己，相信努力不會白費。

3・恰到好處地向上司請示工作

職場上，有很多人總是不分場合、時間地向上司請示工作，這樣做不僅干擾了上司正常的休息時間，而且還會讓上司感到厭煩。聰明的下屬，善於適時適地，恰到好處地向主管請示，徵求他的意見和看法，把主管的意志融入正專注的事情。這是下屬主動爭取上司重視的好辦法，也是下屬做好工作的重要保證。這樣既體現了自己對上司的尊重，也表現了自己工作的嚴謹細心。

作為下屬，在請示工作的時候，要注意做到彬彬有禮，基本的禮儀絕對不可丟棄，尤其是在請示工作的時候，即便問題比較嚴重，你也切記不可太魯莽衝動。一定要尊重上司，不可侵犯他的威嚴。

另外，在向上司請示工作的時候一定要注意天時、地利、人和。

所謂天時，就是要看你想做的事，和當前公司的大氣候是否一致。比如說，公司正在搞增收節支，號召大家嚴抓成本控制，你卻提出一項可做可不做的大預算，不但不能被上司認可，反而會被認為你沒有頭腦，不會看形勢。所以，請示一件事情之前，一定要事先衡量，是否會讓上司為難。如果事情不是十分迫切，又需要上司承擔比較大的風險才能去做，那就乾脆別提。

所謂地利，就是看你想做的事情，是否萬事俱備，只待批准。在向上司請示之前，一定要周全地考慮和謀劃，千萬不能半生不熟甚至只是初步想法就跑去討尚方寶劍。有些人以為工作上多請示多討教是對上司的尊重，其實沒有原則和目的的請示，是對上司最大的不尊重。所以在事情沒有謀劃周全的時候，也就是不具備實施條件的時候，千萬不要輕易請示自找難堪。

所謂人和，就是在請示工作時，要看場合，把握時機。比如上司剛發火，氣還沒消，你就跑去請示工作，十有八九不會有好結果。還有，你還得看當時有哪些人在場。如果有反對你的人在場，你還沒說完呢，他就在旁邊拿腔作調，那上司就可能被誤導，或者因為有不同意見而下不了決心。所以，什麼事在會議中請示，什麼事在辦公室請示，什麼事在飯桌上請示，都需要事先計畫好。

請示工作看似簡單，實際上也有很多講究之處。與主管吃飯要講究飯桌禮儀，那麼，請示工作也有必學的禮儀。

首先，要遵守時間。如果在彙報前已經做了相關的時間安排，那麼一定要記得準時到達，這是對每個職員最起碼的禮儀要求。如果遇到突發事件不能準時到達，一定要盡快想辦法向上司解釋原因，並且請求推遲或者另外再找時間，並且誠心道歉。

另外，如果沒有預先安排時間，而是臨時彙報，你可根據上司平日的工作而選取恰當的時間，不要一心只想著自己，一般來講，不要在上司忙得不可開交或個人休息時間上前請示，這樣只會打擾到上司正常工作和休息。

其次，要適時離去。當你的請示彙報結束後，請禮貌起身並且告辭。如果這時主管還有和工作無關的事情要和你談，那麼你就應該耐心傾聽和回答。當主管表示談話結束，並且示意你可以離開了，這時你便可以離開。

善於向上司請示工作的人一定會是一個成功的人。因為當他向上司請示工作的時候，能夠和上司建立良好的信任關係，得到上司的指導，也能助其成長，吸取經驗，彌補自身的不足。所以，想在你的工作上做出好成績，一定要學會恰到好處地向主管請示工作。

4．把對上司的「意見」變為「建議」

在很多情況下，上司所做出的決定並非完全正確，這時候，如果你有了不一樣的想法和意見，從公司的整體利益考慮，就應該恰當向上司提出你的意見。當然，一般情況下，上司可能不會輕易接受你的意見，所以在這時候，你一定要講求方法，巧妙說服上司接受你的建議。

陸離是一家知名企業的總經理助理，他的上司是搞技術出身的，由於工作重點長期落在研究開發領域，因此，總經理對企業管理並不精通。因與自己所學的專業有關，總經理喜歡直接插手技術部門的事，對於管理方面卻有所疏忽，很多部門對此敢怒不敢言，這使得陸離與其他部門溝通起來存在嚴重的障礙。

經過深思熟慮，陸離決定向上司提出自己的想法。他對總經理說：「真正意義上的領導權威包含著技術權威和管理權威兩個層面，您的技術權威牢固樹立，而管理權威則有些薄弱，需要加強。」總經理聽了之後，若有所思。

後來，總經理果然把更多的時間用在人事、行銷、財務的管理上，企業內部的不穩定因素得到了控制，公司運營進入了高速發展狀態，陸離的各項工作也越來越順利。

在職場上，如何做到給上司提意見的同時又不得罪上司呢？你一定要做到以下幾點，這對你的職場生涯是非常有幫助的。

- **選擇適當的時機**

在適當的時候給你的上司提幾點「建議」，它不僅包括了你所要提出的意見，而且還要提供解決問題的方案。在給上司提意見時，要照顧到他的處境，不要在他公務纏身、諸事繁雜，或者心情不好的時候提意見，否則他不僅聽不進你的意見，反而會對你產生反感，惹來麻煩。所以要學會察言觀色，選擇在上司心情好、有時間的時候提出建議。

- **選擇合適的場合**

對上司提意見，不應該在公共場合，這樣不僅有損上司的面子，而且成功率很低，應該選擇在上司的辦公室等私人場合。

- **先贊同後否定，切忌單刀直入**

所謂建議，是在肯定整體方案的前提下，對某些局部問題提出商榷，所以要先表示你的贊同，使對方感覺到你們是站在共同認知的立場上，對問題進行更深入的探討，這樣他就能很自然地沿著你的思路進入問題的關鍵，而不是一開始就站在對立面排斥你。

- **簡明扼要，切中要害**

當你給上司提意見，上司也表示有興趣聽你的見解的時候，你就必須盡可能簡明扼要地闡述你的觀點，採用通俗易懂的言談方式，讓上司一聽就明白你的想法，切忌囉嗦，或者使用模棱兩可的語句，如「大概」、「也許」、「可能」、「應該」等。

- **要有說服力**

給上司提意見，一定要有說服力，不能只用口頭形式。口頭表達難免會不充分，而且不能保證上司當時有專心聽你說。一定要用書面形式，在建議裡要充分表達自己的想法，而且要簡明扼要，不能太過花俏，要能經得起推敲。選擇恰當的時候當面彙報，甚至可以採用簡報的形式展示出來。只要你用心去做，相信你的建議一定會被採納。

- **關注對方，恰當舉例**

談話時應密切注意對方的反應，透過他的表情及肢體語言所傳達的資訊，迅速判斷他是否接受了你的觀點，並視需要加以適當的舉例說明，以增強說服力。

- **態度誠懇**

提出建議一定要注意說話的態度和敬語的使用，恰到好處地表達出你的意思，你的坦率和誠意，即使對方不完全贊同你的觀點，也不會影響到他對你個人的看法。

巧妙地向上司提建議也是一門很深的藝術，所以在實際操作時一定要把握分寸，運用技巧。當上司能夠打心扉聽從你的建議，就說明你成功了。所以適時地向上司提建議，會加深他對你的印象，如果你每次的建議都能被上司採納，相信上司一定會認同你的能力，你的晉升之路自然順遂。

5．同事與你搶功勞時的語言對策

在職場上，同事搶功的事情時有發生，自己辛辛苦苦、加班的成果卻在不知不覺中成了別人的成績，怎能不讓人氣憤呢！面對這樣的情況要如何處理？是忍氣吞聲讓事情過去，還是向他人哭訴呢？顯然，這兩種方法都不是上上策。如果你忍氣吞聲，只會助長搶功者的囂張氣焰；如果你選擇向人哭訴，只是讓自己更難受。所以，遇到此類事情，不要慌張，積極運用職場策略，讓搶功者主動認錯。

在職場中，你的功勞被別人搶去的情況並不少見。如果以強硬的態度去處理，別人會誤解你把名利看得過重；如果一直忍讓，自己又會覺得委屈。我們可以有幾個策略去運用，讓搶功勞的事件可以遠離你。

- **不能氣急敗壞，要沉著應對**

人說忍無可忍，無需再忍。由於職場上很多人個性善良忠厚，很多時候即使吃虧了還是自己忍耐，所以不能寄望於搶功的同事某天自己覺悟，如果你繼續忍讓，因礙於情面而聽之任之，對方肯定會更加肆無忌憚。所以，要與其交談，不迴避問題。

- **對問題進行具體分析**

該同事是經常搶你的功勞還是偶爾一次呢？是經常搶別人的功勞還是只搶你的功勞？如果偶爾一次，而且事情不是特別重要，那麼就退出爭奪戰。如果對方經常這樣對你，那你得想辦法直接面對了。如果對方不只針對你，連對別人也這樣，你就可以和其他同事一起商量怎樣改變這種狀況。

- **和該同事單獨面談，進行一次面對面的討論**

這是很重要的，這能讓你有機會再次強調你的心意，清楚向對方表示這主意是我想出來的。不管結果如何，至少讓對方清楚你對他這種搶功勞地行為是無法認同的。

- **必要的時候可以和直屬上司做些溝通**

向上司說明自己的想法，並且拿出證據，證明主意是自己想的，同時表明自己的立場：自己最終的目的是為了公司，主要是自己的想法能得以採納並能對公司有所貢獻，誰受到表揚都沒有關係。

- **如果涉及到個人很有創意的想法或成果，要學會自我保護，尤其涉及智慧財產權及著作財產權時，要有自我保護的意識。這是正當的合法權利。**

要記住會哭的孩子有奶吃。所以，你做了什麼，就應該理直氣壯地讓人知道，沒有必要有太多的顧慮。最後一招，就是在萬不得已的情況下，與對方攤牌還是有必要的，讓別人知道你有你的原則，你有你的底線。同事之間天天見面，和諧相處當然很重要。但是這樣做的同事，如果約法三章都不奏效，甚至還惡人先告狀的時候，你就不能再忍了！

總之，記住孔夫子說的話，「以直報怨，以德報德」，要把你的正義感拿出來，保衛自己的合理利益，你不會失去同事的友誼，相反地，你會得到他們的尊敬，因此一定要學會保護自己，捍衛自己的勞動成果。

6．獲得上司賞識的方法

上司在你的職業生涯中有著舉足輕重的作用，雖然自身的努力也相當重要，但是如果不能與上司「搞好關係」，有時候他的一句話就能讓你長久的努力化為灰燼。所以，身在職場的你，就不得不學習如何獲得上司的賞識。想要得到上司的器重，不能只靠勤奮踏實的工作態度，以及加班的體力勞動，更要充分發揮你的聰明才智，才能上司的賞識。

- **學會和上司做「朋友」**

許多人都有「跟上司要敬而遠之」的觀念。其實上司也是人，也需要夥伴。沒錯，雖然有些人喜歡擺「上司架子」，但其實大部分都想跟下屬打成一片。與上級說話時若老是誠惶誠恐，反而令印象大打折扣。試著把上司當作朋友，這樣可以搞好關係，當然相處時要懂得分寸，別因過分「親近」而不分尊卑，令對方丟臉，導致自己飯碗不保！

- **懂得提問**

不要假裝什麼都知道，問一些經過深思熟慮後的問題以幫助自己弄明白。如果覺得是公眾場合不方便，那就在彼此的私人空間裡完成它。如果你身處一個團隊之中，資訊的分享至關重要，別人問你的時候，千萬不要隱瞞。

• **談話技巧**

身體語言與說話聲調是給人好印象的第一要素。如果老闆說話的語氣非常柔和，你就得避免粗聲粗氣地和他說話。學會用對方的音訊和語言溝通，能說明你與之達成和諧的境界。

• **了解上司**

了解上司的性格是你發展社交關係的一大助力。如果你剛接受新工作，多向同事了解老闆的習慣和要求，搞清楚他是幽默風趣型，還是與下屬保持距離的威嚴型。

同時，盡量不要拒絕別人的社交邀請，以免給人造成孤僻、不合群的印象。你必須注意，當上司在場時，喝醉酒是不太恰當，千萬別做出讓自己後悔的舉動或決定。

• **會議手段**

有位心理學家說過：「當你與老闆一起出席會議時，座位的選擇是非常重要的。一般情況下，請記住坐在他的左邊。因為對他而言，右邊是具有控制性及競爭性的，所以你應該坐在左邊，表示服從他的意願。」同步性也是會議中重要的一環。當老闆身體向前傾時，或當他把手放在桌上時，請你一一照做，暗示你與他的一致。另外，拋開顧慮、冒著頂撞上司的危險在會議上發表意見，可能會帶給你意想不到的好處。比如說，老闆誤會了某件事，你適時委婉指出，而不是讓他繼續誤會下去，這能讓他覺得帶你參加會議可以全然放心。

- **要各「司」各法**

每個人的性格都不同，所以不能以同一手法來取悅不同的上司。有些喜歡務實勤奮者，有些卻偏愛嘴甜舌滑的下屬。無論你的上司是哪一類人，沒有人不愛聽漂亮的說話。經常由衷地稱讚上司的衣著品味、處事方式等，沒有幾個人能抵抗這些恭維。

- **彰顯上司的精明**

每個上司都希望有精明能幹的下屬、得力的助手。但為人下屬最忌諱功高蓋主。倘若鋒芒畢露，就容易招人妒忌。所以，發揮你的才幹之餘，不要忘記將功勞歸功於英明能幹的上司。

- **不失時機送讚美**

讚美的話上司肯定愛聽，所以要想獲得上司的賞識，就要抓住時機讚美上司。比如：早上上班的時候，誇讚一番上司得體的穿著、良好的精神面貌；在碰到客戶投訴時請上司出面解決，不僅可以增加你解決問題的經驗，還可以在事情解決後得到很好的學習，這樣的下屬，相信上司都會喜歡。

- **逢年過節的問候與拜訪**

逢年過節到上司家中拜訪，表示敬意。因為要獲得上司的賞識，他的家人就是一大突破點。如果上司留你在家吃飯，就要乘機將上司夫人的手藝大肆讚揚一番。如果不去家中拜訪，可以打電話或者發個幽默的祝福訊息，這些小地方都能讓上司感受到你的誠意。

如果工作是你的生命，上司就是審判官。每個人都希望得到上司的認可，並能長時間保住自己覺得還不錯的工作，那麼就不能只知道埋頭苦幹。也許你的成績能夠讓上司偶爾誇獎一下，但是這樣的你始終不能走進上司的心裡。所以，一定要時不時地與上司進行「交流」，讓他將你深深刻進腦海，再加上你若有出色的表現，相信升職加薪時，上司一定會想到你。

7．盡量少說「不知道」

工作的時候，你的上司難免會問你一些問題，不管是工作上還是與工作無關的。也許有時候他問的問題不是我們熟悉的專業，或是自己感興趣的問題，但是不管你知不知道，都不能對上司說「我不知道」，這在上司看來，會是一種搪塞，也是你敷衍他的表現，因此，在他心目中，你的形象就會大打折扣。

在與上司交流溝通的時候一定要掌握技巧，即使他問的問題你真的不知道也不要直接回答，可以用誘導的方式讓上司自己說出答案，或者巧妙掩飾掉，因為老闆有時候也只是隨口一問，如果你說「不知道」卻會讓他感到非常索然無趣，恐怕以後你和上司「交流」的機會就會很少了。

楊琦的頂頭上司王越是個超級的足球迷。一天早晨上班時，電梯裡恰好只有他們兩個人，王越突然問楊琦：「昨晚切爾西對曼聯隊，那個球是誰進的？」原來昨晚王越看英超聯賽時，家裡突然來了客人，等到送走客人，球賽也結束了。

聽到王越的問題，對體育絲毫不感興趣的楊琦脫口而出：「我不知道。」王越什麼也沒說，就走出電梯間。從那之後，楊琦發現向王越請示工作時，他的表情非常嚴肅，和他打招呼也愛理不理的。

剛開始，楊琦對王越的這種態度只是感到納悶，不知道自己究竟怎麼得罪了王越，最後她終於明白，自從說了「不知道」之後，他對自己的態度就發生了翻天覆地的變化。

「又不是人人都對足球感興趣，我不知道也很正常啊，而且不是工作上的事，就算是工作上的事情，我有不知道的地方可以指點一下啊，至於擺臉色嗎？」楊琦越想越鬱悶，覺得自己的上司真的很小心眼，在這種人的底下幹活真是倒楣，恐怕也不會有什麼前途，漸漸地對自己的工作越來越興趣缺缺了，隨時等著跳槽。

我們不能要求上司在任何情況下都要心胸寬闊，所以作為下屬一定要謹言慎行，面對上司的提問，一定不能說不知道。特別是剛剛步入職場的新人，對公司的情況不熟，對上司的個性也不是特別了解，因此遇到這樣的情況時一定要表現得很主動機靈。在你確實不知道的情況下，你可以回答「我馬上去查一下」或者「我現在就去問一問」，這樣不僅給自己留了一條後路，也不至於給上司留下不好的印象，他反而會覺得你是一個熱心的員工。

公司裡，上司向你提問是表示對你信任，你的回答也會讓他感受到你的尊重，精明的上司更會從你的回答中看出你是一個什麼樣的人。如果他覺得你是一個不錯的人，有什麼「吩咐」的時候，第一個就會想到你。因此，不管你是職場老手，還是初出茅廬的新人，你要把上司的提問當成是一種機會，能回答的就回答，實在不知道的就去查資料、問同事，在這個過程中，你也會學到不少東西，這也是一種進步。

職場中人，切忌說「不知道」，將這三個字徹底從腦海中刪除，主動去學習、去了解，你才能從中得到更多的經驗和機會，等你有了豐富的經驗，自然會得到上司的賞識，他也會放心交代更多任務給你。

第五章 說服不壓服，讓別人甘願為你效勞

人與人之間有地位上的差別，因此在很多時候，地位高的人總能憑藉自己地位的優勢強迫他人為自己做事。然而，壓服畢竟不能讓對方心悅誠服，即使對方答應，也未必能夠把事情做好。只有說服對方，讓對方心甘情願為自己效勞，才能凝聚力量，取得事情的成功。

1・耐心說服不壓服

生活中，你常和與你意見相反的人談話嗎？你在家中，或是辦公室，或是朋友聚會的時候，不論談論什麼，你都會想方設法讓他人贊同你的觀點，同意你的意見嗎？其實這樣做是不對的，一個真正成功的辯論家從不會當場和他人辯論，而會有理有據地讓他人從內心臣服於自己的觀念。一味地採用口頭壓服的方式，讓人不僅不能接受你的說法，還會使他人更加堅持己見。所以，我們要想贏得他人的尊重，讓他人從心底接受自己的觀點，就要耐心說服他人，而不是利用身分、權勢乃至話語去壓服。

一個工廠廠長見一個女工吃飯的時候沒有排隊，當場斥責她，並隨口說出：罰款五十元，限下午下班前把錢交上。次日上午九點鐘，他發現女工仍然沒有繳交罰款，就在員工廣播進行了通報，並加罰一百元，限時要在中午十二點以前必須交上，否則予以免職。女工找到廠長，問他根據什麼規定這樣處罰和加罰，《勞基法》有這樣免職規定嗎？下午，勞動局主管機關的人員來了，問清楚情況後，對廠長的做法予以申誡。

說服好比打仗，對方就是你要征服的對象，你要想盡一切辦法使他投降。如果廠長能夠耐心勸說女工，顧及女工的面子，不當場斥責，相信一定會讓女工改正錯誤，自己也不至於落得被申誡的下場。

說服別人時，不要只顧說自己的理由。要在說服對方之前，必須對於對方的情況做一番深入了解。對別人的思想、感覺、看法等了解得透徹明白，才可以使說服的語言更得體有效、更容易使人心悅誠服地接受，最終打動對方的心。

林肯說過：「不論人們如何仇視我，只要他們肯給我一個略說幾句的機會，我就可以把他說服！」任何人都喜歡堅持相信自己已經相信的事物，而不希望別人加以反對。凡是有人對我們表示反對的時候，我們一定要找尋許多方法和理由來辯解。

所以，你在說話的時候，如果一開始就表示「我要證明這個，我要證明那個」，絕非是聰明的做法。因為你要說服的一方會很嚴肅地認為，你不是在尋找合作的對象，而是在對他們進行訓話，自然不會達到你想要的結果。假設你一開始就著重講一些對方願意聽從的意見，然後再提出對方所樂於解答的問題，說服起來就會順利得多，這樣你就達到說服他人的目的了。

想要說服他人，沒有足夠的耐心是完全不行的。當你的觀點不被他人贊同時，一定不要過於心急，說服高手一定要在說服的過程中尋找足以讓人信服的觀點，不能在你的強壓下讓他人「屈服」，耐心是說服的「潤滑劑」，只有你傾注足夠的耐心，才能得到他人的贊同。

2．巧用問話的方式說服

和別人談話的目的就是為了讓別人從心底接受你的觀點，要想讓別人接受就必須把話說到別人的心坎上，這就是所謂的攻心。在和別人談話的時候，大多數人都會對自己的觀點反覆強調，其實有時候一直強調並不能達到很好的效果，如果以問話的方式進行誘導，往往能起到事半功倍的效果。

正面說服、循循善誘在說服的過程中起著決定性作用，下面我們來看幾個相關事例，相信你可以從中學到誘導攻心法的訣竅。

・逼迫問法

秦宣太后在宮中守寡，與大臣魏醜夫暗中勾搭，情投意合。後來太后病重不起，臨死前感覺離不開魏醜夫，就命令魏醜夫陪葬。魏醜夫聽說此事嚇得面無人色，到處拜託別人求情。大臣康芮自告奮勇去見太后，一見面就說：「死人還有知覺嗎？」

太后支支吾吾地回答：「沒有知覺。」

康芮說：「既然沒有知覺，為什麼還要把生前所愛的人活活弄到墳墓裡與死人一起埋葬呢？再說，如果死人有知覺，那麼在陰間的先王積怨應該也很久了。太后到了陰間連請罪還來不及，哪有什麼空去與魏醜夫相好呢？」

太后沉吟了半晌，咬咬牙說：「罷了。」

康芮以死人是否有知覺為前提一開始就將太后逼到沒有退路的地步，然後採用順勢問話迫使太后放棄陪葬的主意，這種說理方式值得今人好好學習。

‧順勢問法

宋神宗時，孫覺出任福州知州，有一些貧苦人因拖欠官府的錢而被送進監獄。孫覺非常同情他們，當時正好有一些富人想出大錢來整修佛寺，富人們向孫覺請示。孫覺想了想說：「你們施捨錢財，為的什麼？」回答曰：「希望得福。」孫覺說：「佛寺的大殿沒怎麼壞，菩薩像也好好的。假若用這些錢為關在監獄裡的人償還他們所欠的官錢，使之脫離枷鎖之苦，那樣所積的福德豈不更多嗎？」富人們不得已只好答應。就這樣，孫覺從施捨錢財這一角度出發，將捐錢的目的順勢引到救人積福方面，使富商們無話可說，也解救了不少人的危難。

‧啟發式問法

俄國十月革命剛剛勝利的時候，許多農民懷著對沙皇的刻骨仇恨，堅決要求燒掉沙皇住過的宮殿。最後，只好由列寧親自出面做說服工作。列寧對農民說：「燒房子可以，在燒房子之前，讓我講幾句話可以嗎？」
農民說：「可以。」
列寧問道：「沙皇住的房子是誰造的？」
農民說：「是我們造的。」
列寧又問：「我們自己造的房子，不讓沙皇住，讓我們自己的代表住好不好？」
農民齊聲回答：「好！」
列寧再問：「那麼這房子還要不要燒呢？」
農民覺得列寧講得好，同意不燒房子了。
列寧採用這種「啟發式問話」方式，使農民從對沙皇的仇恨中解脫出來，同時放棄原來的想法。

上面的政治家在說服他人的時候都巧妙採用了問話的方式，不僅問得巧妙，而且在問完之後還根據對方的回答進行論述，讓對方不知不覺走進他們的話語圈套，幾句話就牢牢地掌握談話的主動權，讓對方在不知不覺中被說服。

3・說服說在點子上

你費盡口舌去說服他人，就是因為他人所持的意見與你相左。如果想要別人接受你的觀點，不切實際的話語是不能讓他人誠心接受的，所以勸服他人也要把話說在點子上。不同性格的人，要用不同的方式來說服。

比如性格溫和的人，我們可以採取迂迴說服的辦法，因為這種人往往很自負，雖然表面上像是同意你的觀點，但其實心裡並沒有真正的服氣；而性格固執、倔強的人，就更不容易改變他的觀點了，對於這類人，我們只要對症下藥，抓住對方的要點，就能速戰速決。所以在說服別人時應該抓住對方的心理、性格等特點，不同的人用不同的方法，這樣才能有所成效。

一九四八年冬天，人民解放軍為保護歷史名城北平，也為避免流血犧牲，敦促傅作義將軍舉行和談。但是他猶豫不決，下不定決心。劉存同當時是他手下的少將參議，受地下黨員杜任之的委託，決定說服傅作義將軍。

劉存同語重心長地對傅作義說：「宜生，是當機立斷的時候了，一定要順應人心，和平談判，萬萬不可自我毀滅，萬萬不可。」其實，傅作義是有和談的想法的，只是他顧慮怕自己被看成叛逆。

劉存同知道了這個癥結，就有針對性地開導他，講了我國歷史上商湯討桀、武王伐紂的故事。他說：「湯與武王是桀、紂的重臣，後人不但不稱湯與武王是叛逆，反而讚美他們深明大義。忠，應該忠於人民，而非忠於一個人。目前國事敗壞，人民流離失所，處在水深火熱之中，人民希望和平。如果你能順應人心，宣導和平，天下人會簞食壺漿來歡迎你，誰還會說你是叛逆？」

劉存同這番話，設身處地為他的前途著想，合情合理，雙面夾擊，終於使傅作義將軍下定決心，答應舉行和平談判，為和平解放北平拉開了帷幕。

做事要有針對性，說服他人更是如此，不能什麼都沒弄清楚就去勸說，這樣根本無從勸起。弄清對方的問題所在，針對癥結申明利害，以理攻心，這樣就能取得很大的成效。對症下藥，將自己的觀點和意圖一步步慢慢注入對方心裡，只有對方心甘情願地同意自己的觀點，才是真正的說服。

因此，在勸說他人的時候一定要搞清楚事情發生的緣由，如果胡亂醫治，不僅自己鬧笑話，還會讓他人心裡不是滋味。同樣地，在別人不同意你的觀點時，一定要有自己的想法和意見，你要說服他，就要搞清楚對方堅持己見的原因，只有知己知彼，才能百戰百勝。

說服他人，如果擊不中要害，長篇大論只會讓人感到厭煩，說再多的話，浪費再多的時間，也是無用。因此，想要成功說服他人，前提就是要找到施力點。所謂好鋼要用在刀刃上，只有把話說到了點子上，才能達到實際效果。說服是一門很高的藝術，即使是巧言善辯的人，如果不對症下藥，想要他人對你的觀點信服，根本是不可能的事。

4・攻心為上的說服策略

第二次世界大戰發生的時候，美國政府號召大量的青年到前線參加作戰，但是過慣了安逸日子的青年擔心自己的生命會突然消失，於是沒有人願意響應號召，紛紛抵制。負責徵兵事宜的俄亥俄州的地方行政長官被參謀長聯席會議主席訓斥得灰頭土臉。他無可奈何地表示：雖然自己已經想盡一切辦法說服他們，即使是口乾舌燥，也沒有將那些懦弱怕死的青年們說動。就在他快要崩潰的時候，有人向他介紹一位大名鼎鼎的心理學家。經過一番精心準備之後，心理學家信心十足地來到徵兵現場。面對台下東張西望的青年時，他首先沉默了五分鐘，然後用渾厚的男中音開始進行演講：「親愛的孩子們，我和你們一樣，特別珍惜自己的生命。」

青年們見他頗有學者風度，說話又符合自己的胃口，便開始安靜下來聽他講話。

「首先我要提醒大家，熱愛生命是無罪的，因為，我們每個人都只有一次生命。憑良心說，我同樣反對戰爭、恐懼死亡，如果要求我到前線去，我也會和大家一樣想逃避這項命令。但是，我也存在另一種僥倖心理：如果我真的參加了新兵訓練，也可能有一半機會不會上前線作戰，有可能留在後方做勤務工作；即使上了前線，直接作戰的可能性同樣也只有一半，因為說不定我會成為某長官的左右手而留在安全地區；如果真的不幸必須扛起槍，受傷的可能性也只有一半；即使不幸受了傷，如果只是輕傷也不會威脅到生命，因此我實在沒有必要擔心；如果真的受重傷，還有可能在醫生的救治下痊癒；就算真的運氣不好，不幸為國捐軀，那麼親人和朋友也會替我感到驕傲和自豪，政府不但會授予我的父母一枚最高的勳章，還可以得到一大筆撫恤金。我的孩子也會崇拜我，將我看成英雄。而我，一位偉大的戰士也會進入天堂，來到慈祥的天父身邊，說不定還會見到萬人敬仰的華盛頓將軍。」

到這裡，心理學家的演講結束了，原先極力反抗的青年們開始思考，最後都表示願意去賭一把。青年們之所以會動搖就是因為心理學家假設了那麼多「僥倖」，還有的是希望自己當上英雄，也有的是想到即使為國捐軀也可以為家人贏得一筆豐厚的撫恤金。總之，心理學家摸清了青年的弱點，成功說服他們了。

其實，心理學家只是掌握了別人心中的軟肋，這也是人性的弱點，用操縱感情的方式打贏了這場心理攻堅戰。就好比催眠術一樣，首先瓦解對方堅固的防禦，再進一步探明了他們內心深處的需求，然後再用假設的方式將他們一步步引入自己預先設下的「迷魂陣」中，巧妙地讓青年們答應了上戰場的要求。

在說服別人的過程中，如果非要堅持自己的觀點，試圖將自己的想法強加給他人，只會讓對方產生反抗和厭惡的心理，結果往往會適得其反。如果一開始就順應對方的想法和需求，再有意無意地將對方引到你的觀點，才能最終達到說服他人的目的。

5·「將心比心」是最好的說客

我們常常會有這樣的感覺，當別人試圖說服你的時候，你通常會覺得對方根本就不理解你，不懂你的心情，不了解你的感受，不懂得站在你的角度看問題，所以你無法接受對方的任何建議，甚至他說什麼你也懶得去聽。

那麼同樣地，當你試圖去說服別人，給別人提建議的時候，如果你不站在對方的角度去看問題，別人也無法接受你的任何觀點。如果這個時候，你能換個角度，讓對方覺得你是他的「自己人」，那麼對方會感到他自己被理解，因此改變最初的逆反、防禦心理，慢慢地接受你的觀點。

說話講究的就是一種技巧，一般來說，在你和要說服的對象較量時，彼此都會產生一種防範心理，尤其是在危急關頭。這時候，要想使說服成功，你就要注意消除對方的防範心理，消除防範心理的唯一方法就是將心比心。它能使你具有了解對方的情緒與心意的能力，使你具有支配他人的力量。站在他人的立場上來分析他人的問題，能給他人一種為他著想的感覺，這種投其所好的技巧常常具有極強的說服力。

韓天林是某商店的銷售人員，他很會做生意，他的營業額比一般銷售人員都高，其他銷售人員問韓天林：「是什麼原因，讓你生意興隆呢？難道只是因為你能說會道嗎？」韓天林回答說：「當然不只是這樣，我還有一樣祕密武器，就是將心比心和顧客站在一起。」沒錯，把顧客當成是自己人，顧客自然願意買你的東西。

有一天，一位顧客站在櫃檯前打量了半天，還不時用手摸摸擺在櫃檯上的皮鞋。憑經驗，韓天林判斷這位顧客有心想買這雙皮鞋，於是趕忙迎上前去說：「這雙皮鞋是很不錯，但就是皮革硬了一點，我要是您，就不買這一雙，而買那一雙。」說著，韓天林又從櫃檯裡拿出另一雙皮鞋，展示給顧客看，並介紹說：「一看您就像是公司的主管，年齡和我差不多，穿這雙鞋會更美觀大方，而且這一雙比那一雙價錢還便宜呢。您試一試，看看喜不喜歡？」

顧客見韓天林如此熱情，居然幫自己選皮鞋，挑毛病，而且介紹了價廉物美的商品給他，便不再猶豫，立刻買下韓天林推薦的那雙皮鞋。

說服對方的一種簡單方法，就是和對方交換一下你們所處的位置——將心比心。讓對方暫時扮演你的角色，從對方的話語，獲得你想要的東西。這種辦法可以說是先暫時將自己交給對方處置，讓對方站在你所處的立場說話，再在談話中發掘對自己有益的東西。

當你想要釣上一條魚的時候，就要考慮魚是怎麼想的，知己知彼，自然能百戰不殆。聰明的人都是善於揣摸別人心理的人，能夠猜透對方心裡怎麼想，站在對方的角度去考慮問題，才能做出相應的反應。了解他的心理、了解他的難處、了解他的需求，這種說服方法最容易使對方接受，從而達成一致的理念。

將心比心，站在別人的立場去思考，對你的說服工作會起到事半功倍的作用。所以無論對朋友、顧客，還是上司、同事，你都要學會運用將心比心的技巧，這樣你就會贏得別人的信賴，從而就能更有效說服別人。

6．沉默恰到好處，說服無聲無息

自古以來，中國的政治家，多多少少都以「不言之言」作為最理想的說服方法。《史記》有句名言，叫做：「桃李不言，下自成蹊」。桃李雖然默默不語，但由於會開出美麗的花，結出可口的果實，所以人們自然喜歡接近它們，而在樹下形成小徑。這是比喻一個人若能誠信待人，不需要開口說道，別人自然能在暗中就受其感化之意。

沉默有它獨特、無與倫比的力量。所以老子說：「真正的雄辯與訥言相同。」西方人說：「爭辯是銀，沉默是金。」「不言而言」這句話出自《莊子》，指人以沉默的方式來說服別人，即是使用無言戰術來達到目的。

戰國時，秦昭襄王第一次召見范雎時，范雎所採用的便是這種沉默的說服法。

當時秦昭襄王在位已經三十六年，但國家軍政權力依然掌握在母親宣太后和叔叔穰侯手中，使得昭襄王無法獨立操政，實行變革。范雎就是在這時到達秦國，他先給昭襄王上書，說自己有辦法使秦國強大，還暗示如何處理昭襄王與宣太后及穰侯的關係問題。昭襄王於是召見范雎。

到了召見那天，范雎故意事先在接見的地點四處閒逛，昭襄王駕到時，侍臣看到有人在附近閒逛，便喊道：「大王駕到，迴避！」范雎這時故意提高聲音說：「秦國哪有什麼大王，只有宣太后和穰侯而已！」這話正好擊中昭襄王積壓在心中許久的心病。他有些不安地接見范雎，對他說：「早該拜見先生的，只是政務煩心，每天要去請示太后，所以拖到現在。我生性愚鈍，請先生不要客氣，多加教誨。」但范雎一言不發，若無其事地向四周顧盼著。

大廳內靜悄悄的，氣氛凝重。左右群臣們都有些不安地注視著事態的發展。昭襄王猜想可能是由於眾臣在場，范雎有所不便，就摒退眾臣，但范雎仍然一言不發。

昭襄王於是又問道：「先生用什麼賜教於我？」

范雎開了口，說：「是，是。」停了一會兒，昭襄王又一次請教，范雎仍只是說：「是，是。」如此重複了好幾次。後來，昭襄王長跪不起，說：「先生不肯指教我嗎？至少也該解釋一言不發的理由吧！」

這時，范雎才拜謝道：「不敢如此。」於是滔滔不絕地談下去。

他談的主要內容即著名的「遠交近攻」策略，同時也談及太后、穰侯等人獨斷專權、架空昭襄王一事，並提出應對策略。秦昭襄王聽了范雎的話之後，十分讚賞，馬上任命他為顧問。幾年後，又讓范雎做了秦國宰相。後來他對范雎說：「過去齊桓公得到管仲，時人稱他為仲父；現在我得到您，也要稱您為父！」

范雎別出心裁的說服方法，確有其妙不可言的獨特效力。沉默使昭襄王摒退了眾臣，也使昭襄王能懷著一種驚異又專注的心理來傾聽范雎的意見，並加重對他的敬重之意。由於在會見前，范雎已出其不意地點明瞭昭襄王憂心的事，所以不用擔心自己不言而昭襄王會不再求問，正是有這種十足的把握，他才敢採用沉默的方法。

說服他人並不一定要喋喋不休，急於用論辯的語言讓對方接受，改正錯誤的觀點。有時候，沉默比任何說服的語言良方還要來得有效。當你沉默不語，只是用堅毅眼神與對方對話時，會讓對方有一種心虛的感覺，也許剛開始的時候，他還會理直氣壯、滔滔不絕爭辯給你聽，但是當你長時間都以沉默回應，並加上一點眼神的暗示，如果他是一個善於思考的人，面對你的沉默，他心中的想法就會有一個轉變的過程：「被我說服了吧，後面還有更精彩的呢！」得意過後，如果你還是沉默，他就會想：「難道我哪裡說錯了嗎？他怎麼一直不回應？」這個時候就會開始懷疑自己的論辯，然後接下來就會想：「他一直不說話，我說那麼多，肯定都不對，還是問問他好了。」對方提出疑問之後，你依然默不作聲，此刻的他就會對自己的觀點十分不肯定，最後肯定會主動放棄，順從你的觀點。

整個說服的過程，一句話都不用說，沉默就替你解決了。人的普遍心理就是這樣，如果別人一直不回應自己的言論，就會自己先懷疑，直至最後放棄，這也正是說服者想要的結果。所以，沉默不僅是金，而且還是一種說服的藝術。在說服他人的時候，適時地用沉默代替喋喋不休的言語，會有意想不到的效果。

7·不要把意見硬塞給別人

「旁敲側擊」可以使人信服。林肯說：「一滴蜜比一加侖膽汁能捕捉到更多的蒼蠅，跟他人交談時不要以討論意見作為開始，要以強調而且不斷強調雙方都同意的事作為開始，如果可能的話必須不斷強調你們都是為相同的目標而努力的，唯一的差異在於方法而非目的。」

每個人都喜歡擁有自己獨立的思想，沒有人喜歡接受推銷，或被人強迫去做一件事情。人們都喜歡按照自己的意願購買東西，或照自己的意思行動，希望別人在做事時徵詢自己的願望、需求和意見，不喜歡別人妄做主張。但是有些人在做事的時候往往會忽略這一點，那是因為他們做事的時候，被一種佔有和控制的欲望驅使著，總覺得自己的想法才是最正確最有意義的，希望別人都按照自己的意願行事。這種一意孤行的做法不僅不會讓你的願望達成，反而會讓大家離你越來越遠，失去與你合作的興致。

費城的塞賂先生，突然發現他必須給一群沮喪、散漫的汽車推銷員灌輸熱忱。他召開了一次銷售會議，要求這些推銷員，把他們希望從他身上得到的個性都告訴他。在他們說出來的同時，他把他們的想法都寫在黑板上。然後，他說：「我會把你們要求我的這些個性，全部都給你們。現在，我要你們告訴我，我可能從你們那得到什麼東西？」回答來得既快又迅速：忠實、誠實、進取、樂觀、團結，每天熱誠工作八小時，有一個人甚至自願每天工作十四個小時。會議之後，銷售量上升得十分可觀。

塞諾先生說：「只要我遵守我的承諾，他們也就決定遵守他們的。向他們探詢他們的希望和願望，就等於給他們的手臂打了他們最需要的一針。」

不同的人對同一件事會有不同的看法，所以，當你的意見與他人的想法產生分歧時，千萬不要自以為是地把自己的意見強加給別人。尤其是那些身居高位者，更不能因為礙於自己的面子，而不尊重他人的意見。

事實證明，事先徵詢意見比自己擅作主張，把意見強加給別人要好得多。用強制的方法，你永遠得不到滿足，但你用讓步的方法，可能得到比你期待的更多。參考別人的意見，學習別人的方法，才能讓自己不斷進步，尊重他人的意見，採納他人的意見，對雙方都有好處，何樂而不為。

總是想以自己的想法操控他人思想的人註定會成為「孤島」，每一個人所處的環境和所學到的東西都是不一樣的，所謂集思廣益，就是為了使自己的目標更容易達成，那麼就不應該讓自己的想法和意見作為主導。

一個聰明的人就是因為懂得採集不同的意見，從中汲取精華，勾勒出更完美的方案，達到更好的目的。如果你不想讓人們遠離你，如果你想獲得更大的成功，就要學會採納他人的意見，絕不可將自己的意見硬塞給別人，這樣做只會引起別人的反感，妨礙你前進的步伐。讓人信服的最好做法就是分享他人的意見，讓他人感受到你的尊重，人際關係處理好了，做起事來自然得心應手。

8．表情和聲調是成功說服的關鍵

一個人的面部表情最能反映一個人的心理，欣慰和喜悅、同情和關心、接納和排斥、信任和尊重、厭惡和鄙視、原諒和理解、憤怒和反感等等，都會難以隱蔽地暴露在面部表情上。說服不是征服，征服也許需要你口若懸河地操縱人們，而說服是要別人真正從心底認同你的觀點和想法。在說服中，能恰如其分地運用表達內心喜怒哀樂的面部表情，就可以增強說服效果。

面部表情與其他非言語符號比較起來，佔有的空間小，活動的幅度也小，但它卻是說服過程中最傳神、最能表達豐富思想內容的輔助手段。

美國經濟大蕭條時期，艾麗瑪很幸運在一家高級珠寶店找到銷售珠寶的工作。這天，店裡來了一位衣衫襤褸的青年人，只見那人滿臉悲愁，雙眼緊盯著櫃檯裡的那些寶石首飾。

這時，電話鈴響了，艾麗瑪去接電話，一不小心，碰翻一個碟子，有六枚寶石戒指落到地上。她慌忙拾起其中五枚，但第六枚怎麼也找不著。此時，她看到那位青年正慌張地向門口走去。頓時，她意識到第六枚戒指在哪兒了。當那青年走到門口時，艾麗瑪叫住他，說：「對不起，先生！」

那青年轉過身來，問道：「什麼事？」

艾麗瑪看著他抽搐的臉，一聲不吭。

那青年又補問了一句：「什麼事？」

艾麗瑪這才神色黯然地說：「先生，這是我的第一份工作，現在找工作很難，是不是？」

那位青年緊張看了艾麗瑪一眼，抽搐的臉慢慢浮出一絲笑意，回答說：「是的，的確如此。」

艾麗瑪說：「如果把我換成你，你在這裡會做得很不錯！」

終於，那位青年退了回來，把手伸給她，說：「我可以祝福你嗎？」

艾麗瑪也立即伸出手來，兩隻手緊握在一起。艾麗瑪仍以十分柔和的聲音說：「也祝你好運！」

那青年轉身離去了。艾麗瑪走向櫃檯，把手中握著的第六枚戒指放回原處。

作為說服的輔助手段，面部表情的合適與否，會影響到說服的效果，但作為說服語言的表現形式的聲調，更是直接影響著談話的結果。語言聲調不是言語本身，而是言語的表現形式。語言聲調，主要體現在五個方面：語速，就是說話的快慢；音量，就是說話聲音的大小；音高，就是聲音的高低；音變，就是聲音的變化；音質，就是聲音的和諧度。具體來說如下：

- **音量要適當控制**

說服時老是大聲嚷嚷，會給人一種咄咄逼人的感覺；一直輕聲細語，雖然會使人感到親切平易，但音量過小，可能使人聽不清楚，同時在力度上也稍欠缺。同時，尖銳刺耳的聲音，容易刺激人的神經過於緊張；低沉粗重的聲音，則會麻痺人的神經。

• 說話的聲音力求和諧優美

聲音要純正悅耳，使對方便於傾聽，避免使用尖細和嘶啞的聲音，因為這樣不是讓人感到做作，就是讓人感到難以忍受。

• 說話聲音的高低要富於多變性

用抑揚頓挫的聲調來表達你的興趣和熱情，靈活準確地傳達你不斷變化的情緒。如果聲調呆板，對方就會感到枯燥平淡而厭倦無神。

• 說話的速度應該適中，快慢結合

快，一般用來表達急切、震怒、興奮、激昂等情感，連珠炮般的快速講話，能使聽者產生亢奮的心理和緊迫感。但速度太快，受話者對你輸出的資訊接收不迭，來不及思索和消化，因此無法理解你要表達的意思。慢，一般用於表述沉鬱、悲哀、思索等情感，慢條斯理的節奏，可使對方細細品味，產生深邃感；但速度太慢也不行，不僅浪費時間，還影響聽者的興致。所以，快與慢應該交替使用，做到快中有慢、慢中有快。

讓人舒服的面部表情，乾淨俐落、抑揚頓挫的聲音，會增強說服語言的準確度和感染力，準確鮮明地表達你的思想感情，提高說服的效果。因此，我們在說服他人的時候一定要掌握好面部表情和聲音的使用藝術，以完美達到自己最終的目的。

第六章
攻心有術，讓客戶沒辦法說不

成功的銷售人員總是能夠在短時間內用言語打動客戶，完成簽單任務。他們的祕訣就是掌握客戶的心理，並在言語中成功運用，讓客戶避無可避，只能買下他們的產品。其實，與客戶的談話就是一場心理攻堅戰，只要你能夠擊破客戶的心理防線，就可以讓客戶心甘情願購買自己的產品。

1．換位思考

很多銷售人員幾乎都有一個通病，即在好不容易見到客戶後，就急不可耐地向他們推銷自己的產品，迫不及待地想成交，生怕到手的生意再飛走。殊不知，你這樣做很可能會引起客戶的逆反心理，你越是急於求成，他們越是猶豫不決。那麼遇到這種情況該怎麼辦呢？其實，你不妨換個思路，多為對方做一些考慮，把客戶的錢當成自己的錢來花，或許就能收到意想不到的效果。

一個機械設備推銷員，費了九牛二虎之力談成了一筆價值四十多萬元的生意。但在即將簽單的時候，發現另一家公司的設備更適合於客戶，而且價格更低。於是，本著為客戶著想的原則，他毅然決定把這一資訊告訴客戶，並建議客戶購買另一家公司的產品，客戶因此非常感動。結果雖然這個人少拿了上萬元的提成，還受到公司的責難。但後來的一年時間內，透過該客戶介紹的生意就高達百萬元，而且為自己贏得了很高的聲譽。

「能夠把冰箱賣給愛斯基摩人的推銷員不是一個好的推銷員。因為當愛斯基摩人在發覺上當後就再也不願見到他了，推銷員也不要想再回到那裡賣其他任何東西了。因為別人已對他失去了信任。」現在，有許多推銷員，都有這樣的想法，只想把自己的產品推銷出去，好從客戶那裡賺到錢，卻從不曾考慮客戶的利益。實際上，你只要做到替客戶省錢，那麼客戶自然會讓你賺錢。

世界上最遙遠的距離就是客戶口袋與銷售者口袋的距離，銷售人員最直接的目的就是從客戶的口袋掏出錢來。但是，如果你沒有這種讓客戶心甘情願掏錢的能力，不懂得換位元思考，站在客戶的立場上考慮問題，就永遠不可能從客戶的口袋裡掏出一分錢來。所以，要想把客戶的錢變成你的錢，首先就得把客戶的錢當成自己的錢來花。

銷售高手的最佳策略是為客戶提供可以省錢的方法，為客戶節省開銷。對於客戶來說，他關心的是自己的利益，誰能以優惠的價格為他提供優質的產品和服務，他就與誰成交。

一般來說，當銷售人員首次與客戶溝通時，就應該把自己和客戶拉到同一戰線上，把自己當作與客戶並肩作戰的夥伴。同時，認為自己的目的不是向客戶銷售產品，而是為客戶提供可以省錢的方法，試著把客戶的問題當成自己的問題，把客戶想花的錢當成自己要花的錢，那樣的話，就會不知不覺為客戶節省開銷。作為一名銷售人員，如果能夠為客戶提供可以讓他們省錢的建議，就很容易得到客戶的信任。

2・「二擇一」法則

在銷售法則有一個「二擇一」法則，銷售人員可以給顧客提供價格方案，讓顧客決定選方案一或方案二，適當強迫顧客從一或二當中做決定。

假設顧客已經有意購買你的產品，卻又猶豫不決拿不定主意時，你可以採用「二擇一」的技巧。例如，銷售人員可對準顧客說：「請問您是要那台雙門冰箱，還是單門的冰箱呢？」或者說：「請問是星期二還是星期三送到您府上？」像這樣「二擇一」的問話技巧，只給顧客從兩個當中選一個，其實就是你幫他拿主意，促使他下決心購買。

有一位老闆在大街兩邊開辦兩家一模一樣的粥店，每天前去就餐的顧客人數也相差不多。然而，左邊一家粥店收入總是比右邊一家多出近百元，而且幾乎天天如此。老闆覺得很奇怪，就派人前去調查，了解兩個店的經營、服務情況，以解營業額不同之「謎」。

被派去的人裝扮成普通顧客，他首先走進右邊的粥店。見客人來了，服務小姐滿面春風，面帶微笑把他迎進去，給他盛好一碗熱氣騰騰的粥，接著又熱情問他：「先生，加不加雞蛋？」調查者發現，每進來一位顧客，服務員都會問同樣的話：「加不加雞蛋？」顧客有說加的，也有說不加的，約略計算一下加雞蛋的人和不加雞蛋的人各占一半。

之後，那位奉命調查的人又走進左邊的粥店。服務小姐同樣滿面春風地把他迎進去，盛好一碗熱粥放在飯桌上。然後和氣地問他：「先生，請問您需要加一個雞蛋，還是加兩個雞蛋？」進來其他顧客，服務員又問同樣的話。通常，愛吃雞蛋的人要求加兩個，不愛吃的人一般要求加一個，當然也有不加的，但這種情況比較少見。這樣一天下來，左邊小店要比右邊那家多賣出很多雞蛋。不同的問話，讓兩個粥店的營業額產生差異。

「加一個雞蛋還是加兩個雞蛋」這樣的問話方式，會讓顧客陷入提問者既定的前提之中，不由自主地給出選擇。相比「加不加雞蛋」的命題，前者顯然更進一層，而店家也因此分出高下。同樣的商品、同樣的價格，誰用語言打動顧客，誰就能把商品推銷出去。

很多推銷者之所以推銷不出自己的產品，就是因為不懂二選一技巧的運用。例如在推銷沙發的時候，很多銷售人員肯定會詢問來看沙發的顧客：「您需要沙發嗎？」如果客戶買沙發的願望不是很強烈，他就會說「我隨便看看」或者「不是」。那麼，這筆生意有一半以上的可能做不成。如果你的問題是：「您想要皮沙發還是布藝沙發？」你的客戶就無法拒絕你這種二擇一的問話方式。

對於銷售者來說，只要能賣出產品就達到了目的，而無論客戶買的是哪一款，或者哪一種顏色。這樣你就可以先為客戶假定一個購買的前提，將買不買變成「買明亮的藍色還是高貴的紫色」。比如，「您方便在十二月一日還是十二月七日交貨？」「您要紅色的床單還是白色的床單？」「您要交一千元訂金還是三千元訂金呢？」在上面幾種提問方式，無論客戶選擇哪個答案，你都可以順利做成一筆生意。

而作為消費者對這種二擇一的問法，往往會認為是自己的意志。原本可能並沒有打算買一件裙子，聽你說這件紫色真絲連衣裙比那件黑色的顯得更加高貴大方，於是，就爽快買了你推薦的紫色裙子。

這種「二擇一」提問方式，往往不會遭到顧客的拒絕。而且無論對方回答哪一種答案，都在你的控制當中，可以使你所掌握的主動權更大。如果你去向一位老總推銷一份保險，當你感到把握很大，推定對方會購買時，為了使對方首肯，你可以問：「那麼，我明天再來拜訪您，您上午方便還是下午方便呢？」一般對方總是會選擇答應你的下次預約。

讓顧客在產品中二選其一的方法是銷售員不陳述任何意見，問顧客「您較喜歡甲商品還是乙商品」來確信顧客喜愛，讓顧客自己決定。這個時候銷售人員一定要注意站在第三者的角度，以詢問的形式提出來，並且所針對的商品必須是顧客準備選擇的。相信只要你掌握了這種方式，做成交易的機會一定大大增加。

3・「順水推舟」的阻力最小

逆水行舟有阻力，順水推舟好行船。當你與客戶進行交涉，想要推銷你的產品時，大多數人都會持反對意見，不會在一開始就順從你的看法。如果你想要成功贏得客戶的信賴，這個時候你一定不能當場反擊，因為一旦和客戶產生了正面交鋒的言論，即使你說得有理有據，也會引起客戶的反感，最後斬斷自己的退路。

所以，當你在推銷的過程中遇到這樣的情況時，一定要先考慮清楚對方的問題，不能將自己的想法毫無考慮脫口而出，同時要讓對方覺得他提出的這個問題具有一定的嚴重性，順應對方的問題講述下去，讓對方有被認同的感覺，當你將問題的嚴重性擴大到對方不能接受的範圍時，他就會主動放棄自己的見解。這樣一來，你毫無殺傷力的攻心術就會讓對方「知難而退」。

一天，一家生產乳製品的工廠來了一位怒氣衝天的顧客，他不客氣地對廠裡的負責人說：「先生，我在你們生產的乳製品中發現一隻活蒼蠅，我要求你們賠償我的精神損失。」之後這位顧客提出一個天文數字的賠償數目。

一般來說，像這種乳製品生產線的衛生管理是相當嚴格的，為了防止乳製品發生氧化反應而變質，每次都要將罐內所有的空氣抽出，然後灌入一些無氧氣體後再予以密封，在這種嚴格條件下生產的乳製品，根本不可能有活的蒼蠅在裡面。

由於這個事件關係到工廠的聲譽，這位工廠負責人不好當場揭穿那人的騙局，只是很有禮貌地請他到會客室裡，那位顧客邊走還邊破口大罵。

當這位顧客第三次提出抗議並要求賠償時，負責人很有風度地為對方倒了杯水，然後慢條斯理地說道：「先生，看來真有你說的那麼回事，這顯然是我們的錯誤，你放心，你會得到合理的賠償。由於這個問題事關重大，我們絕對不會忽視的，這樣吧，你稍等一下，我馬上命令關閉所有的機器，以查清錯誤的來源。因為我們工廠有規定，哪一個生產環節出現失誤就由哪個環節的負責人來負責，待我把那位失職的主管找出來，讓他給你賠禮道歉。」

說完後，負責人一臉嚴肅地命令一位工程師：「你馬上去關閉所有的機器，雖然我們的生產流程中不應該出現這種失誤，但這位先生既然發現了，我們就有義務給顧客一個滿意的答覆。」

那個顧客本來只是想用這個藉口來詐騙一些錢，但他沒有想到自己的話會引起如此嚴重的後果，頓時擔心自己的花招被拆穿，那樣一來他會被要求賠償整個工廠因停工而造成的損失，即使他傾家蕩產也賠不起。

於是他開始感到害怕，並且囁嚅道：「既然事情這麼複雜，那就算了，但是我希望你們以後不要再發生這樣的情況了。」說完之後，想要拔腿就走。

那位負責人叫住了他，誠懇地對他說：「非常感謝您的指教，為了表示我們的感激，以後您購買我們的產品均可享受八折優惠。」

這位顧客沒有想到自己還能有意外的收穫，於是逢人就宣傳這家工廠的乳製品，使更多人都肯定了這家工廠的產品品質。

工廠負責人正是採用了「順水推舟」的方法，巧妙用攻心術揭穿對方的騙局，掌握了對方的心理，並將對方的想法轉到了自己的思維圈套裡，讓他成為了工廠的免費宣傳員。

當你作為銷售人員與客戶的意見發生分歧的時候，你可以說：「雖然我一直堅持自己的想法，事實上仔細想想，您說的也是很有道理的。」當對方聽到你貌似肯定他想法的話語時，通常情況下，也不會再繼續堅持，並說：「你的建議也非常好，我會認真考慮的。」當你主動去迎合客戶意見的時候，他也不好意思再反對你，這樣你就爭取了更多的主導權。

一個成功的銷售人員絕對不會直接與客戶的說法進行碰撞，而是會選擇阻力最小的說話方式，讓對方發現自己的想法是不正確的。當他們承認了錯誤，你就可以自然而然地順水推舟，將自己的產品成功推出。所以，當客戶總是堅持自己的「錯誤」想法時，你只要順水推舟讓對方認識到自己的錯誤，問題就會得到很好的解決。當然，你在運用「順水推舟」策略的時候，一定要注意以下兩點：

第一，有時候，機會要靠自己創造的，所以在和他人談話的時候，要注意因勢利導，克服對方的抵觸心理，一步一步引導對方進入自己的語言環境，為自己的順水推舟做好充分準備。

第二，對方的心態決定了對方說話的內容和方式，所以，在談話的過程中要注意把握住對方的心態，弄清對方的心理狀況，這樣你才能把握住機會，順水推舟。

4．運用最後時限，給對方施加壓力

優秀的推銷員，就要懂得抓住顧客的心，設計出更吸引顧客的話語。所以我們可以適當地運用一些欲擒故縱、製造緊張氣氛的技巧，刺激顧客的購買欲望。

通常情況下，顧客為了以更實惠的價格購買心儀的產品，會盡量地拖延時間，讓銷售人員做最後的讓步。這在市場上也是經常會出現的，比如現在很多人都去商場買羽絨服，但是看了之後覺得價格太高，便會立馬走人。在這時候，銷售人員一般都會拉住顧客，進一步商討價錢，並做出讓步。顧客之所以敢這麼做，是因為他們不怕買不到該商品，因為同樣的商品在商場上比比皆是。那麼作為銷售人員，同樣可以反將一軍，只要能夠讓顧客認為此時不買就沒機會了，那麼他們的底氣就沒那麼足了，產品也就比較容易賣出去了。

有時候，顧客中意你的產品，卻又因為某種原因而遲遲不做最後的決定，這時候，作為一個優秀的推銷員，就不光要懂得主動出擊，還要善於製造危機感，假定這是最後的期限，再不出手就再也買不到了，這樣一來，顧客肯定會在短時間內迅速簽單。

當市場上的商品打出了限時限量銷售，或是飢餓行銷方式，促使人們爭先恐後去購買，生怕被搶光了買不到。作為銷售人員，同樣也能利用人們的這一種心理，給顧客製造「最後期限」，讓他們不再猶豫，快速成交。

5・步步緊逼，在心理上壓倒對方

老子說：「以正治國，以奇用兵。」商道即兵道，經商要善於用奇兵。在某種情況下，銷售人員要想促成客戶儘快簽單，採用巧妙的方法對客戶實施「逼迫」，往往更容易達到促成訂單的目的。這些「逼迫」的技巧看似危險，但是如果運用得宜，往往會收到令人意想不到的效果。

很多客戶在購買產品之前，都會拖延時間，懷有各種各樣的顧慮。這種情況下，銷售人員可以用層層逼進的方法，不斷發問，讓客戶說出自己心中的擔憂，只要銷售人員能夠恰當解答客戶的問題，促成交易就不難了。

一個銷售人員的客戶對產品非常喜歡，但就是遲遲不肯簽單。

銷售人員說：「既然您真誠喜歡我們公司的產品，又沒有什麼異議，那麼就請您簽一下單子吧！就在這裡寫下您的名字。」

這個客戶說：「我再考慮考慮。過幾天再說吧！」

聽到了此話，銷售人員便以贊同的口吻說：「買東西就應該像您這樣慎重，看來您對這個產品還是很有興趣，不然您不會花時間去考慮，對嗎？」

客戶聽了，便點了點頭。

趁此機會，銷售人員又緊逼一句說：「我出於好奇，想了解一下您考慮的是什麼，是我公司的信譽嗎？」

客戶聽後，也不好意思說人家公司的信譽不好，便回答說：「哦，你們公司的信譽不錯。」

接著，銷售人員又逼問：「那是我的人品不行？」

任何一個人都不會當別人的面說別人的人品不行的。客戶趕緊回說：「不，怎麼會呢？我對你是很欣賞的。」

銷售人員說：「既然這樣，您還有什麼疑問？您說出來，我馬上幫您解決！」

客戶想了一會兒說：「其實也沒什麼，我只是擔心品質……」

銷售人員立馬堅決說：「這個您放心。我們公司產品的品質絕對沒有問題。這樣吧，為了我們第一次合作完滿成功，我向您承諾，親自送貨上門，免費幫你安裝，免費保修三年！」

客戶聽到了這些，心中疑慮減少了很多，不得不點頭表示認同。

銷售人員乘機把訂單推到客戶面前，請他寫下自己的名字。客戶見此情景，只好迅速簽名了。

步步緊逼成交法是針對一些有購買意向，卻有意拖延的客戶，巧妙向客戶提出一系列問題，步步緊逼客戶說出內心最擔心的問題，然後幫客戶解決問題，促使客戶下決心成交的一種技巧。在銷售領域中，銷售人員善於使用這種技巧，往往能逼迫一些故意找藉口拖延購買的客戶迅速做出簽單購買的決定。

在心理上壓倒客戶的同時也要注意客戶的想法，善於運用智慧，促成交易。對此，銷售人員要注意以下幾個問題：

- 注意措辭的溫和性，要透過語言拉近與客戶的關係，增強彼此之間的合作感，比如盡可能地少用「我能」、「我會」、「我希望」等詞語，而要用「我們可以」、「您認為」等語句；

• 注意眼神要具有親和力和謙虛感，不要直勾勾盯著對方，那會令客戶感到不自在；
• 注意手勢等身體語言，比如在說話時手掌盡量攤開或平放，而不要用手指指指點點；
• 盡可能地避免打斷客戶說話，如果你有意見，可以耐心傾聽完客戶說話以後再提；
• 不要只強調自己的銷售目標，而應該著眼客戶面臨的難題或存在的需求；
• 詢問客戶的反對原因時，不要直接用「為什麼……」，建議用「哪些具體原因……」等。

6．適度運用「威脅」策略

每逢過年過節，我們都會看到很多商家開展一系列的促銷活動：「最後三天，不要錯過！」「限時三小時，全部三折優惠，欲購從速！」等等，這樣的一些招牌表面上看是在營造購物氣氛，其實都是緊緊抓住了顧客貪圖「實惠」的心理，向顧客傳達著「超過期限就不能享受如此優惠」的資訊，大多數消費者都會趁著這樣的時間瘋狂搶購。

同樣地，作為銷售人員，在與客戶進行溝通談判時，也可以告訴客戶這是「最後的期限」，迫使客戶下定決心購買我們的產品。當然，在購買產品之前，顧客肯定會產生很多的疑慮，這個時候就需要銷售人員的引導和說服顧客購買產品。

那麼，怎樣才能夠讓顧客快速下定決心呢？也許這個時候很多銷售人員都會盡力描述產品的優點、購買之後所得的好處等，但是通常情況下你越是這樣說，顧客越不會買。所以，面對這種情況，銷售人員就必須立刻改變策略，不要讓自己的說服形式過於單調，而向客戶提出「這是最後的一次機會了，假如此時不購買我們的產品，您將會受到……損失」的暗示，就會明顯打動客戶。

不過需要注意的是，當銷售人員在運用這類暗示時，首先要弄清楚客戶最關心的產品優勢是什麼，不要在一些客戶不太關心的細枝末節上大費周折；同時，銷售人員在溝通過程中必須做客觀、實際的暗示，絕不可以用謊言欺騙客戶；還有，銷售人員必須在關心和尊重客戶的基礎上，有技巧進行說服，否則可能會讓客戶產生強烈的抵觸心理。

合理而巧妙的暗示可以堅定客戶購買產品或服務的決心，而且還可以促使客戶更主動地縮短溝通時間。所以，掌握這種說服技巧不僅有助於銷售人員增加銷售業績，而且還可以提高自己的工作效率。

吳睿是一家保健器材公司的銷售人員，他在一位老客戶的介紹下認識了某公司的劉經理。吳睿在見到劉經理之前就透過客戶得知，劉經理對父母的健康非常關注，而且只要認定了產品就不會在價格上斤斤計較。

當吳睿與劉經理寒暄過後，吳睿向劉經理介紹了這種保健器材的一些功能和特點。劉經理說他目前沒有這方面的需要，如果有需要的話，他一定會與吳睿聯繫的。吳睿聽出劉經理是在下逐客令。可是吳睿並沒有在意，他又說：「聽說您的母親就要過七十大壽了，人生七十古來稀呀，不過以您母親的身體狀況就是再活三十年也沒問題呀！」

劉經理聽了慨歎道：「哎，雖然我母親保養得一直很好，可是畢竟年齡大了，身體一日不如一日了，最近時常鬧些小毛病。」

吳睿說：「其實老年人身體狀況不好，光靠吃藥是沒用的，關鍵還是要經常做些有益的運動，一來可以增強身體的抵抗力，二來還可以使他們在運動的過程保持一個良好的心情。」

劉經理仍然神色嚴肅地說：「以前他們也出外參加一些活動，可是最近他們自己總覺得太累，再說我也怕他們到戶外活動發生什麼問題啊！」

吳睿說：「我們公司的產品正好可以幫您解決這個難題……」在說明了使用這種保健器材一系列好處之後，吳睿看到劉經理已經有了點購買產品的意思，他想現在應該是趁熱打鐵的時機了，於是他又說：「如果您不能在母親七十大壽送給她一件有意義的禮物，那她一定會很失望的。這種保健器材不僅可以讓她老人家感受到您的孝心，而且每次看到它時，老人家都會想起自己這個值得紀念的生日的。況且這種保健器材我們銷售部只剩下三台了，如果您現在不買下的話，等到您想買的時候恐怕已經賣完了，到時候只能等公司總部再發貨過來。如果那樣的話，您一定會感到很遺憾的。」

「好吧，我現在就要貨，你先把它送到我的辦公室，我想等母親生日那一天給她一個驚喜。」劉經理已經迫不及待了。

沒有人願意接受別人的威脅，相信每一個客戶都是如此。但是我們在這裡所說的「威脅」並不是真正的目的，只是一種手段。「威脅」不是一種簡單的嚇唬，應包含下列含意：如果這樣或不這樣，就會產生那樣的後果。這只是銷售人員經過對客戶的認真分析，從而對客戶做出的一種善意的提醒：如果你不抓住這「最後一次」的機會，那麼你可能就享受不到某些優惠。

我想任何客戶聽了這話都會或多或少地產生購買欲，這絕對比直接描述產品的優勢更有吸引力。

7．有效提問，探查客戶內心的需求

客戶的需求，很多時候不會直接告訴你，需要你透過提問來獲得解答。有效提問是一門藝術，在銷售產品的時候，如果不能透過有效的提問探查出客戶的真實需求，你就很可能無法完成交易。

促銷員：「歡迎光臨諾基亞門市，請問有什麼可以幫您的嗎？」

顧客：「我想看看手機。」

促銷員：「您想看什麼樣的手機呢？」

顧客：「你們諾基亞有沒有大螢幕的手機啊？」

促銷員：「螢幕大的？這幾款螢幕都比較大。我向您推薦這款，不僅螢幕大，而且還內置數位相機和攝影機，照相、攝像都可以，隨機還附送一張16M的存儲卡，照片和圖像都可以存在這張卡上。」

顧客露出猶豫的表情問說：「照相？我不需要這麼複雜的功能，只要能打電話就行了。」

促銷員：「我們所有的手機都能打電話，只是功能簡單一點的手機沒有這麼大的螢幕。我建議您還是買功能比較多的手機，用起來比較方便。比如說，這款手機有照相和攝影功能，您在出去旅遊時就可以給朋友和家人照相，留下美好回憶了。」

顧客：「可是這款手機功能太複雜了，我想要一個螢幕大、按鍵大、操作越簡單越好、價格越便宜越好的。我想給我爸爸買款手機，他都七十多歲了，不太會用高科技的產品，螢幕大、按鍵大、操作簡單對於他來講很重要。」

促銷員：……

顯然這位銷售人員在銷售過程中犯了關鍵錯誤，即沒有了解客戶的需求就向客戶推薦產品。大螢幕只是客戶需求的一方面，還有很多其他的需求，但銷售人員顯然沒有全部了解就開始介紹產品了。即使她在了解了顧客的多個需求後，仍然沒有意識到顧客是給他父親買手機，這是客戶需求背後的要求，也是客戶購買產品的關鍵。

懂得巧妙地提問題，才會有辦法把談話導向自己希望的方面上來。因為說服的藝術不在於你來我往地抒發己見，而是藏在一問一答的遊戲之間。拋出問題，可以誘使客戶仔細去思考，然後發言表示意見。用提問題的方式，銷售人員可以將客戶的注意力引到對自己有利的重要事項上來。

想要做一個成功的銷售人員，就要善於發現問題，並主動發問，來了解顧客的心理需求，找出吸引客戶興趣的話題，讓顧客打開話匣子，從而促成交易。那在銷售溝通中，向客戶提出什麼問題，主要在於提問者的目的。毫無目的的提問，在溝通中也是毫無意義的。所以我們一定要掌握以下幾種提問的方式：

第一，要更好地發揮提問的作用，提問之前的思考、準備是十分必要的。諸如：我要問什麼？對方會有什麼反應？能否達到我的目的？

第二，提出的問題要能引起對方的注意，並能誘導對方的思考方向。而要引起對方的注意，所提出的問題必須有一定的分量；要誘導對方的思考方向，所提出的問題必須要有一定的計畫性。

第三，提問應盡量做到簡單、明確。進行明確的提問，要使所提問題容易被客戶理解和回答，就要避免提出過於複雜與冗長的問題。有些銷售人員把幾個問題糅合在一起，使提問複雜化。

第四，提出的問題要能獲得自己所需要的資訊與回饋，即問什麼一定要有針對性，並做到具體明確，這樣才可能得到對方明確的回答。同時，措辭要慎重，不能刺傷對方、為難對方，也不要引起對方的焦慮與擔心。

第五，多做開放式的提問。開放式的提問技巧是指發問者提出一個問題後，回答者圍繞這個問題要告訴發問者許多資訊，不能簡單以「是」或者「不是」來回答發問者的問題。

第六，提出的問題要客觀。銷售中的提問，主要目的應該是了解客戶的真實想法，而不是誘使客戶做出某種承諾或強迫他們接受銷售人員的觀點。舉例來說，如果提出的問題只有一個可能的答案，而這個答案又明顯有利於銷售人員，那麼這個問題就不具備客觀性。

很多銷售者在給客戶介紹產品的時候，總是等著客戶提出問題，或者一個勁地向客戶介紹自己的產品，不懂得用提問的方式來找到客戶的問題所在，挖掘客戶的需求，最終導致銷售的失敗。所以，要想成為一名優秀的銷售人員，你必須掌握提問的藝術，把主動權掌握在自己手中。

8．客戶推託，不要急著反駁

相信很多銷售人員都有過這樣的經歷：你滔滔不絕、口乾舌燥地向客戶介紹產品的時候，客戶往往會以各種各樣的藉口進行推託，於是很多人都選擇了放棄，再去尋找下一個潛在客戶，或者直接對客戶的推託進行反駁。實際上，有時候客戶的推託並不是絕對不想購買，作為銷售人員，如果你在這個時候放棄，那麼之前所做的努力都會白費，你的反駁也一定會讓客戶難堪，最終導致推銷失敗。

陳啟軍是一名業務員，這一天他到客戶那裡去談一筆生意。當他敲開總經理辦公室的門之後，發現總經理正在那裡看一些文件，於是他表明自己的身分並說明來意，希望能夠與總經理詳細談一談。

那位總經理並沒有給他這個機會，而是對他說：「我現在很忙，你和我的助理談吧！」

陳啟軍一聽，「那怎麼行，一個助理又做不了主，談得再好也不行。」

他知道「忙」不過是總經理推託的藉口。

於是，他說：「現在是中午休息的時間，沒什麼事情做，您就先聽我說一說吧，也占用不了您多少時間。」

總經理生氣說道：「你怎麼知道我現在沒有事情做，難道你沒有看到我在看檔嗎？耽誤了我的事情你負得起責嗎？趕緊出去，別浪費我的時間。」

陳啟軍還想再說什麼，總經理直接叫祕書把他請出去了。

「對不起，我今天沒有時間……」這是推銷人員經常聽到的客戶回答之一。也許客戶說的是實情，也許客戶只是想以此為藉口來推託。如果客戶說的是實情，推銷人員當然要表示理解，並且配合客戶確定下一次約見時間。如果客戶是以此為藉口，那你不妨巧妙打破對方的藉口，比如告訴對方你只做五分鐘的介紹，注意一定要把握時間，而且做的這個簡單介紹必須引起客戶進一步深入了解的興趣；或者明確告訴對方，今天是產品促銷的最後一天，或者讓對方知道今天做出購買決定的好處等等。

當客戶提出推託之詞時，你先不要急著一一反駁，而是在說出自己開場白的同時觀察客戶的反應，這些反應包括很多種，如面部表情、身體語言、說話的語氣和聲調的變化等。然後綜合各種資訊，如果確定暫時真的沒有說服客戶的可能，那就禮貌地告別客戶；如果發現客戶態度發生轉變，即使是最微妙的轉變，那也要再接再厲地進一步展開與客戶的周旋。在與客戶周旋時，推銷人員必須及早確定客戶最大的疑慮是什麼，如果解決了最大的問題，那麼其他問題就會迎刃而解。

直接反駁客戶的推託理由是最不明智的行為。客戶的推託源自於對銷售人員的一種戒備心理，面對銷售人員的推銷，很多人都會找出推託的理由。事實上，推託的藉口只是一種形式，而並非其實質。如果銷售人員本末倒置，反駁客戶的藉口，那麼則會讓本來的僵局更加難以化解。比如說，客戶說沒時間，你卻非要找出他有時間的證據，無疑是讓客戶下不來台。

相信聰明的銷售人員都不會對客戶的推託之詞表示反駁，而是會想辦法消除客戶的戒備心理，與客戶搞好關係。所以，當客戶說出推託之詞的時候，一定不要在客戶推託的原因進行糾纏，而要把精力放在摸清客戶的心思，只要弄清楚客戶的真正想法，推銷起來就不會那麼困難了。

9・讓客戶在砍價中獲得成就感

在向客戶推銷產品的時候，討價還價一定是客戶和銷售人員做成生意的手段，也是交易過程中的必然過程。作為銷售人員就是要了解客戶的心理需要，客戶通常不僅僅只是想買到物美價廉的商品，他們更享受的是砍價的過程。所以，在與客戶溝通時必須有耐心，不能急於求成。想要做成生意，就要適時地給顧客創造砍價的條件，讓他們在砍價的過程中獲得自我滿足的成就感。

顧客喜歡討價還價，除了想用低廉的價格買到自己心儀的商品，更多的是想要征服商家開出的高價錢。

因此，當我們在和客戶進行交易的時候，不能單純地想著如何讓客戶簽單，一個真正優秀的銷售者是會考慮到客戶的方方面面的。所以，我們要盡量滿足客戶的各種心理需求，給他們提供砍價的空間，就是滿足了客戶的征服欲望。當你一開始就給了客戶「你完全被他征服了」的感覺，他就會打心底對你這個人產生好感，在砍價的時候也會適時地對你手下留情，並且會把你當成長期的合作夥伴，還有可能為你帶來更多的客戶。

對於一個銷售人員來說，在幾個客戶當中簽下一單並非難事，但是要想讓一個客戶與你長期合作，那就需要很好地掌握銷售的藝術了。

首先你就得滿足客戶的征服欲。如果想要讓對方長期保持這種感覺，你就要把降價間隔的時間、措詞、表情等把握得恰到好處，讓客戶以為你是在迫不得已的情況下降價的。如果你能做到這一點，不僅會讓客戶有成就感，你自己也會產生一種成就感。

因此，作為推銷員，一定要記住這個道理：客戶與你討價還價，與其說是他們很會討價還價，還不如說他們喜歡討價還價；與其說他們是嫌你的東西太貴，還不如說他們是想透過殺你的價來獲得快感。

當然，並不是所有的客戶都能掌握這個度。有些人天性就喜歡殺價，在他們眼裡永遠沒有最低價，所有的商家都是有賺頭的。面對這樣的客戶，你一定不能和他據理以爭，因為無論你怎麼說，他們都不會做出讓步。如果你想要抓住這樣的客戶，你就必須靜下心來，想好有效的策略之後再去和他談判，這樣就會簡單很多。

要想讓客戶在討價還價中獲得成就感，又不想讓自己吃虧，那麼銷售人員巧妙的報價方式是十分重要的，所以，我們一定要注意以下幾點：

- **講究一定的報價方式**

我們可以選擇報最小單位的價格，因為整件報價不易換算成單價，而且整件價目大，一時之間會給人留下高價的印象；也可以報出平均時間單位內相應的價格。

- **分清客戶類型，針對性報價**

對那些漫無目的不知價格行情的客戶，可高報價，留出一定的砍價空間；對不知具體某一品種的價格情況，但知該行業銷售各環節定價規律的客戶，應適度報價，高低適度在情在理；而對那些知道具體價格並能從其他管道購到同一品種的客戶，則應在不虧本的前提下，盡量放低價格，留住客戶。

- **在恰當的地點報價**

報價是一種比較嚴肅的事情，我們應選擇在辦公室等比較正規的場所進行報價，要不然會給客戶一種隨隨便便、草草了事的感覺。再則，在辦公室以外的地方，談報價等工作上的事情，佔用私人時間容易引起客戶反感。

- **對那些處於不同時間的客戶，報不同價格。**

比如當客戶正忙得不可開交時，我們可以報一個模糊價格，讓他對該產品有大概的價格印象，詳細情況可另行約定時間商議。當客戶有明確的購買意向時，我們應抓住時機報出具體的價格，讓其對產品價格有一個較為具體的了解。

想要和客戶輕鬆做成交易，一定要讓他們的征服欲望得到滿足，千萬不要因為急於求成，讓客戶失去在砍價中獲得成就感的機會。所以，作為推銷員，你一方面要提高自己的心理應變能力；另一方面，也要提高自己揣摩客戶心思的能力。

第七章 講究說話的方式，方能增進友誼

「千里難尋是朋友，朋友多了路好走。」認識朋友容易，但是要維繫朋友關係，增進友誼卻不簡單。朋友相處，最重要的是真摯情感的交流，但也別忘了良好溝通的重要性。

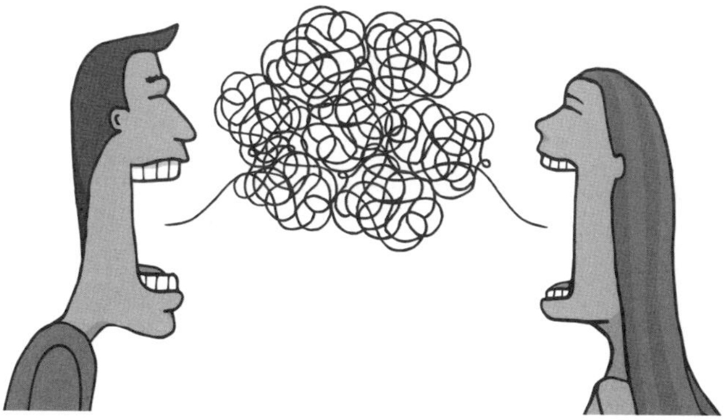

1．好友之間該客氣時也要客氣

大多數人都認為：好朋友之間不需要太客套。他們覺得，大家相交多年，彼此了解，可以相互信賴，不用刻意區分你我，彼此有福同享、有難同當，如果講究客氣未免太見外了。然而，事實上朋友關係的存續是需要以相互尊重為前提的，容不得半點強求、干涉和控制。朋友之間，興趣相似、性格投合則交往，反之，則離。朋友之間即使再熟悉、再親密，也不能隨便過了頭，該遵守的禮儀還是要遵守，該客氣之處還是要客氣的，否則彼此間的默契和平衡遲早會被打破，友好關係就會不復存在。因此，對好朋友更要真情相待、禮節有度，可以不強調自己的「面子」，但不可以不給朋友面子。

中國自古被稱為禮儀之邦，以禮儀來維繫情感是人之常情。當然，我們說好朋友之間講究客氣，並不是說一切情況下都要固守繁文縟節，而是強調好友之間相互尊重、守分寸。說話的時候要注意不能傷害到對方的自尊。尤其想要友誼長存，我們應該要避免有下列的表現：

- **過度表現，言談不慎，會使朋友的自尊心受挫**

也許你與朋友之間無話不談，十分投機。也許你的才學、相貌、家庭、前途令人羨慕，程度與能力高於你的朋友，但是你不應該因此就失去分寸，尤其與朋友在一起時，故意展現自己大露鋒芒，表現自己，言談之中會流露出一種優越感，這樣會使朋友覺得你跟他講話的態度有些高傲，似乎有意無意地在炫耀自己，這會使他感覺自尊心受挫，從而對你敬而遠之。所以，與朋友交往時，不論親疏都不要忘記，要保持謙和的態度，彼此交往要有禮有度，不可傲慢隨便。

• 過於散漫，不拘小節，會使朋友對你感到反感

朋友之間，談吐舉止理應真摯率性、體貼親切、不矯揉造作，方能顯出自然本色。但是有些人與朋友相處會過於散漫邋遢，不拘小節，時間一久，就會讓人漸漸感覺你粗鄙庸俗。也許你和一般人相處會懂得自制，可是與朋友相聚就自以為可以邋遢隨便，認為朋友就應該要體諒你，習慣你的放縱不拘；或在朋友言語時肆意打斷，譏諷嘲弄；或顧盼東西，心不在焉。也許你會認為這是你的真性情流露，但朋友心裡面仍會覺得你有失體面，沒有風度和修養，久而久之會對你產生一種厭惡輕蔑之感，漸漸改變對你的印象。所以，在朋友面前應做到有分寸、有節制。

• 說話尖酸刻薄，或是隨意尋人開心，會讓朋友覺得你不可取

在大庭廣眾之前，若是為了炫耀自己能言善辯，或為嘩眾取寵、逗人一樂，或為表示與朋友之「夠親密」，於是說話極盡尖酸刻薄，不斷挖苦嘲笑你的朋友或旁人，只為博人一笑，或逞一時快意，卻不知這麼做對於友情而言是會大傷和氣的，因為這會讓朋友覺得人格受辱，也許你不以為然，會說朋友之間開個玩笑何必當真，殊不知你已經損害朋友之情了。所以，朋友相處，尤其在眾人面前，更應該和氣相待，切勿態度輕蔑，惡語傷人。

• **彼此不分，違背諾言，令朋友對你產生防備之心**

朋友之間最常忽略的就是對彼此的事物或承諾都不夠珍惜，總以為朋友之間不用分得太清楚，而且還認為身為朋友就應該凡事互相體諒。因此對朋友之物，不經許可便擅自取用，不加愛惜，有時遲還或甚至不還，或是與朋友相約總是遲到，你的朋友礙於情面或許可以容忍你，或許不好意思指責你。但是久而久之，朋友會認為你為人放肆，而且是輕忽諾言之人，漸漸地就會對你產生防備之心。

• **不識時務，反應遲鈍，會讓朋友對你感到厭煩**

當你去朋友家拜訪，若遇上朋友正在讀書學習，或正在接待客人，或正和戀人約會，或已經準備外出等情況，但是你卻自恃摯友，而不顧時間場合，不看朋友臉色，一坐就是好幾個小時，誇誇其談，喧賓奪主，不管人家是否早已如坐針氈了。這樣，朋友一定會認為你太白目了，沒有教養，又不識時務，以後便會想方設法躲你避你，擔心跟你太好反而打擾了他原本的私生活。所以，若逢此情此景，我們一定要反應靈敏些，稍稍寒暄幾句就知趣告辭。

其實朋友間相處，貴在彼此用心對待，凡事將心比心，懂得分寸和應有的禮貌，相信友誼自然可以長久。每個人都有自己的私領域範圍，若對待朋友過於任性隨便，就容易侵犯到這片禁區，進而引起隔閡、衝突，時間一久，再好的朋友也會心生嫌隙，使你們的友情決裂。因此好友之間也應該客氣有禮，太任性放肆是最容易造成彼此嫌隙的。只有懂得尊重朋友，該親密時絕對親密，該客氣時也要懂得禮數，才能贏得更多朋友的好感。

2．莫在小事與朋友斤斤計較

與朋友交往的過程中難免會發生不愉快的事，有的人慷慨大方，也有些人總是喜歡斤斤計較，會因為一點芝麻小事就對朋友斤斤計較，最終導致多年的友情破裂。

人無完人，能夠做朋友就說明兩個人之間有一定的共同認知，朋友也許會有這樣或那樣的缺點，但不會影響你們之間的共同認知。如果你想找一個沒有缺點的朋友，那麼你也許一生都不會有朋友。對待朋友，不能苛求，以真心換真心，不能要求三兩換半斤，也不能要求一定要對等回報。只要你能以一顆真誠寬容的心對待朋友，相信必然會有朋友真情相對的。

兩位好友一同行走在沙漠裡。途中，兩人突然發生激烈爭執，其中一人打了另一個人一記響亮的耳光。被打耳光的人什麼話也沒說，只在沙子上寫著：「今天，我最好的朋友在我的臉上打了一耳光。」

他們繼續行走，終於發現了一個綠洲，兩人迫不及待地跳進水中洗澡，很不幸，被打耳光的那個人深陷泥潭，眼看就要被淹沒，他的朋友捨命相救，終於脫險。被救的人什麼話也沒說，在石頭上刻下一行字：「今天我最好的朋友救了我的命。」

打人和救人的這個人問他：「我打你的時候，你記在沙子上，我救你的時候，你刻在石頭上，為什麼？」他則答道：「當你有負於我時，我把這件事寫在沙子上，風一吹，什麼都沒有了。但是當你有恩於我時，我必須將這件事刻在石頭上，時時提醒自己不要忘記你對我的好。」

朋友之間沒有永遠的仇恨，世界上不是每個人都可以成為朋友，因此我們要珍惜這得來不易的友誼。當你不能包容朋友時就想像著，朋友面對我的缺點都能以寬大的胸懷接納我了，而我也應該以寬容之心對待朋友，不該因為一點小事斤斤計較，這樣我們才能贏得更多的友誼。

蕭伯納說：「檢驗一個男人或一個女人的素養，就是看他們在吵架時的表現。」我想將此話改動一下：「檢驗一個人的素養，就是看他（她）在與朋友吵架後的態度。」朋友間的傷害往往是無心的，幫助卻是真心的。忘記那些無心的傷害，銘記那些對你真心的幫助，你會發現這世上有很多真心的朋友。日常生活中，就算是最要好的朋友也會有磨擦的，如果凡事斤斤計較，那麼朋友也會一個個遠離你的。

人非聖賢，孰能無過。人的思維也好，情感也好，多多少少都會有一些磨擦，如果一點小事就一言不合，耿耿於懷，甚至老死不相往來，那麼我們的朋友只會越來越少，沒有朋友的人生將會是多麼貧乏無趣呀，你說是不是呢？

3・永遠避免爭論

在日常生活中，我們肯定經常會遇到這樣的事，兩位好友為了不相干的一件小事而爭論得面紅耳赤，甚至發展到拳腳相向，斷絕來往。從每個人最深層的潛意識來看，人最愛的是自己，最相信的也是自己，總認為自己的觀點是最正確的，但如果每個人都從這樣的意念出發，與人相處只會引起爭端。當人與人之間相互爭論時，十有八九的爭論是沒有結果的。所以，不要為了逞一時口舌之快而失去朋友。

第二次世界大戰剛結束時，卡內基擔任羅斯福先生的私人經紀人。有一天晚上他參加了一個為推崇羅斯福而舉行的宴會。宴會中，坐在卡內基右邊的男士講了一則幽默的故事，並引用了一個成語，意思是「謀事在人，成事在天」。那位健談的先生提到，他所引證的這句話出自《聖經》。但是他錯了！卡內基很肯定此語出處。為了表現自我，卡內基當場糾正了他。對方立即反唇相譏道：「什麼？出自莎士比亞？不可能，絕對不可能，那句話出自《聖經》。」

此時，卡內基的老朋友葛孟也在場。他研讀莎翁的作品多年。於是兩人同意向葛孟請教。葛孟聽了問題之後，突然在桌子底下用腳踢了卡內基一下，然後對卡內基說：「戴爾，你錯了，這位先生是對的，這句話出自《聖經》。」

在回家的路上，卡內基氣呼呼地問葛孟：「葛孟，你明知道那句話是出自莎士比亞的！」

「是的，當然。」葛孟回答，「這句話出現在《哈姆雷特》第五幕第二場。可是親愛的戴爾，我們是宴會上的客人，為什麼要證明他錯呢？那樣會使他喜歡你嗎？為什麼不給他一點面子呢？他說這句話的時候並沒有徵詢你的意見嘛！真正贏得優勢、取得勝利的方法絕不是這種爭論，這樣的辯駁或許可以獲得一時的優越感，但是卻永遠得不到人家的好感。」

人與人相處時，總喜歡證明自己是對的，而別人是錯的，即使面對好友也是一樣。說白了就是一種虛榮心，想要表現出自己比別人強。一般來說，爭論的目的是為自己爭面子，但事實果真如此嗎？不，爭論不僅不能給自己爭來面子，還會使對方丟了面子，而怨恨自己。強詞雄辯，或許能使你獲得表面的勝利，但卻使你同時失去朋友的好感。

事實上，在大多數時候，你也不能確定自己所持的觀點就一定是對的，純粹只是因為好勝心而展開爭論的。己所不欲，勿施於人，當你的觀點與朋友的想法發生衝突時，還是閉上你的嘴巴，停止爭論吧！否則你將得不償失！

4．問候的電話要常打

你是否曾有這樣的經驗：某一天，突然好想跟久沒連絡的同學聯繫，可是拿起電話又不知道該說些什麼，於是選擇默默放下電話。人際關係往往會隨著時間的推移和距離而逐漸淡漠，等到你再想起來的時候，卻發現一切無法回到從前，長久沒聯絡會使得與朋友之間缺少共同話題。那麼，該如何讓友誼長存呢？

事實上，之所以會出現這些情況，是因為你以為沒甚麼特別的事情就沒有聯繫了，但如果你能夠在此之前，始終與朋友保持聯繫，那麼彼此間的關係就不會太冷淡了。有的時候，雖然沒話說，但是我們可以用簡單的問候來作為交流的方式，聽起來雖然很老套，但是卻非常有用。

每個人都希望被別人關注，如果你能時常問候一下朋友，那麼當他接到你的問候時，心裡一定會湧起一股暖流，你在他心中的地位也必然不同。無論你相隔多麼遙遠，千萬別忘記抽一點點時間給朋友送上一聲問候，哪怕是「近來可好嗎？」，也會在不經意之間，讓朋友真切感受到你的關懷。

小曼升職之後，工作十分繁忙。以前還可以經常和朋友聚會，彼此聊一下近況。但是自從升上部門經理，身邊的朋友似乎越來越遠了。但是事業上的得意與繁忙的工作並沒有讓小曼感到失落。

一天晚上，她突然想起自己有很多電子郵件還沒處理，匆匆打開電腦，才發現裡面有好多朋友給她生日快樂的祝福信件，小曼感到非常慚愧，自己忙著工作，已經好久時間跟朋友連絡了，沒想到朋友們心裡都還惦記了她。

小曼心裡很是感動，也認真的反省，她告訴自己，以後就算再忙，也不要忘記抽出時間與朋友聯繫情感。

問候其實真的很簡單，節日送一份祝福；平時貼心問候彼此近況；失落時送暖；開心時同賀。無論怎樣的問候，相信都會讓對方感到溫馨。平日裡的一聲問候，雖然不起眼，卻在人際關係發揮無可替代的作用。

太多時候，我們想給朋友一個電話，可在撥動電話號碼時，又害怕打擾朋友或不知說什麼而放棄，漸漸地朋友之間變得疏遠，在陌生中忘卻，從此也忘記曾經熟記的電話號碼。如果你的記憶裡，還依然想起某個朋友，那麼別忘了給個訊息問候一聲吧！證明自己心中還惦記著朋友。不在乎訊息的長短，文字是否優美，哪怕短短幾個字，只要是真心誠摯的心所給予的問候，必能讓朋友感受到你的誠意。

5・不要隨便打斷朋友講話

培根曾說：「打斷別人，亂插話的人，甚至比發言冗長者更令人生厭。」隨便打斷別人說話或中途插話，是有失禮貌的行為。有些人卻存在著這樣的陋習，結果往往在不經意之間破壞了自己的人際關係。

假設一個人正興致勃勃談話著，聽眾們也非常熱烈反映著，這時你突然插嘴：「唉呀，這又沒什麼了不起的！我才要說……」那個被你打斷談話的人絕對不會給你好臉色的，很可能其他人也不會對你有好感。

有一個老闆正與客戶們洽談生意，談得差不多的時候，老闆的一位朋友突然造訪。這位朋友一進門就說：「哇，我剛才在街上碰到一件奇怪的事情……」接著就說開了。老闆示意請他不要再說，他卻一頭熱地說得興高采烈。客戶們見談生意的話題被打亂，就對老闆說：「你朋友有事跟你說，你們就先好好聊吧！我們的生意改天再談吧！」客戶們立刻起身離開。老闆因為這位朋友亂插話，攪胡了老闆的一筆大生意，讓老闆惱火極了。

每個人都有情不自禁想表現自己的衝動，但如果不能設身處地為別人著想，不去了解別人的感受，也不分場合或時機就打斷人家說話，這樣擾亂他人的思路，不僅會引起對方的不快，有時甚至會發生許多不必要的誤會。

比如在聚會上，你時常可以看到你的朋友和另外一個不認識的人聊得起勁，此時，你可能就會想要加入他們的談話之中。但是你不知道他們先前聊的話題是什麼，因此你的突然加入，可能會令他們覺得很不自在。更糟的是，若是他們正在進行著一項重大的談判，卻由於你的加入使他們無法再集中精神洽談，因而失去這筆交易；或許他們正熱烈討論，苦苦思索解決一個難題，正當這個關鍵時刻，也許你的插話，導致對他們有利的解決辦法告吹，屆時場面氣氛就會轉為尷尬，無法收拾。

與人交際若想獲得好人緣，想讓別人喜歡你、接納你，就必須改掉隨便打斷別人說話的陋習，在別人說話時千萬不要插嘴，也不要搶著替別人說話，不要急於幫別人講完事情，不要為爭論雞毛蒜皮的事而打斷別人的正題。

那些不懂禮貌的人總是在別人正說到精采處，冷不防地半路殺進來，讓別人猝不及防，不得不停止談話。這種人不會預先告訴你，說他要插話了。他插話時不管你說的是什麼，而是將話題轉移到他自己感興趣的方面，甚至把你說的事輕易破梗了，以此炫耀自己的光彩。這些情況都會讓原來說話的人起厭惡心，因為打斷別人說話的人太不尊重人了。

但是，如果朋友與你說話的時間太長，他的話不再吸引人，甚至令你昏昏欲睡，或者談論的話題讓你感到不快，甚至引起你的厭惡，就不得不中斷對方的話了。這時，你要考慮在哪一個段落中斷為好，同時也應照顧到朋友的感受，避免給朋友留下不愉快的印象。

雖然在朋友講話時插話是很不禮貌的，但如果你有必要表明意見，非打斷他的講話時，就必須掌握一些說話技巧了。

一、當你要找交談者的某一個人處理事情時，可以先給他一些暗示，他一般會趁機和你說話。但要注意的是，你不要靜悄悄地站在他身旁，好像在偷聽一樣。你可以先向他們打個招呼：「很對不起，打斷你們一下。」當他們停止交談時，盡量簡單扼要地說明來意，一旦事情處理完畢，立即離開現場。

如果你想加入他們的談話，則可以找個適當的時機，禮貌地問說：「對不起，我可以加入你們嗎？」或者，大方打招呼，請你的朋友互相介紹一下，就不會有生疏感了。

二、交談過程中，如果你想補充另一方的談話，或者聯想到與談話有關的情況，想即刻說明時，可以對說話者說「我可以插一句話嗎？」，或說「請允許我補充一點。」然後再說出自己的意見。這樣的插話不宜過多，以免擾亂對方的思路，但簡單適切的點出話題，卻可以活躍談話的氣氛。

三、如果你不同意對方的看法，先別急著打斷他講話。如果問題特別重要，可以先表示一下態度，待對方說完再做闡述。不管分歧有多大，決不能惡語傷人或出言不遜。即使發生爭論，也不要斥責或譏諷對方。

6．安慰的話要會說

人生在世，總會發生一些不如人意的事情，因此我們常得到朋友的安慰，反之，我們也需要常常安慰朋友。但是安慰朋友也要掌握說話的方式，如果你說得不對，往往會讓原本傷心的人更難過。

每個人所遇到的傷心事各不相同，如果總是用客套話去安慰人，想必人家也感受不到你的真心。那麼我們不妨轉換方式，將安慰的話句句說到心坎裡。

• 比較式安慰

面對挫折，每個人的心態都不一樣，比上不足比下有餘。跟強的人相比，自然產生「比上不足」的心態，這時往往會灰心洩氣；發現有人比自己更失意，便會產生「比下有餘」的療癒感受，就能有效排解嫉妒、絕望等消極情緒，而代之以「知足」的情緒。

劉洋參加大學考試發揮失常，差五分而落榜。看到同班同學有一半的人考上大學，平時比自己差的人也考上了。劉洋很傷心失落。媽媽拍拍他的肩膀，安慰他說：「傷心一天就好，擦乾眼淚吧！我們等明年重考，明天就去報名重考班吧！」劉洋十歲喪父，母親靠做針線活兒養家糊口，劉洋很自責自己不能一舉考取大學，還要讓媽媽多花一年重考班的補習費。

這時表哥來了，他問清楚情況之後，嚴肅地說：「全國有二百萬考生，考上大學的只有三十萬人，是少數了。比起一百多萬的落榜生而言，你的實力比他們強了！你在高中的成績是名列前茅的，所以實力沒有問題，這次考試失誤高分落榜，雖然令人扼腕，但是你重考認真點，相信明年此時你絕對可以考取前三志願的名校。」幾句話說得劉洋母子破涕為笑，信心滿滿地去報名重考班了。

• 轉移式安慰

用巧言妙語轉移對方的心理焦點，以淡化其傷痛的思緒，達到安慰的目的，這是安慰死者家屬常用的方法。安慰時，盡量少提及死者，讓他們暫時忘記那些無法挽回的不幸，引導他們向前看，走出痛苦的陰影。

袁肖的大哥死於胃癌，他第三天從外地趕回來，只見嫂子和侄兒、侄女痛哭不已。袁肖不多問大哥的病情，只是專注聆聽嫂子的訴說，待她傾訴得差不多之後，袁肖關切地說：「大家節哀順變。說說往後的生活吧，有哪些困難需要協助呢？」侄女、侄女婿說：「媽退休了，一個人在家沒人照應，我們想接她過來同住……」侄子說：「我讀碩士研究生班，還有兩年畢業。媽媽不需要特別操心我，我可以打工並且兼家教，有一些收入，家裡不用再給我寄錢了。」袁肖說：「嫂子呀，你女兒、女婿這麼孝順，兒子這麼懂事能幹，你今後有福氣了！日後嫂子有任何困難，只管告訴我，我一定幫忙。」這一番安慰的話語，使死者家屬的心平靜下來，心也踏實些了，看到了生活的希望。

• 分析式安慰

安慰別人最容易犯的一個毛病，就是火上澆油，把人家剛平息的情緒又煽動起來。怎樣把別人心上的怨氣和怒火撲滅，使其恢復心態平衡呢？有效的方法是幫助對方做理性的分析，弄清事情的是非曲直、利害得失，使他頭腦變得清醒。

王皓和李梅是一對相戀六年的情侶。前年王皓去澳大利亞留學，李梅拿出自己全部積蓄資助他。但是兩年時間不到王皓就另有所愛，甩掉了李梅。失戀的李梅悲憤交加，來安慰的人不是臭「王皓沒良心」，就是責備「李梅上當受騙了」，使失戀者傷心之餘，又多了一份窩囊和寒心。當李梅痛不欲生時，她表姐來了，推心置腹地說：「表妹呀！妳不要太難過了，其實王皓失去的比妳多，他失去了妳這個好女人，失去了誠信和人格，終生都會受到良心的譴責。妳付出十萬元，認清這樣的男人根本不值得妳留戀及託付終身，很值得呀，失去一些身外之物，卻絲毫無損於妳的品格與能量，相信記取教訓的妳，下一個男人會更好的！」表姐巧妙的安慰話語使李梅走出失戀陰霾，破涕為笑。

・激勵式安慰

安慰別人時，不糾纏於不幸事件的本身，抓住時機，激勵對方跳出苦惱，積極進取，達到安慰的目的。良言一句三冬暖，安慰人的時候一定要「量體裁衣」，如果一種方法行不通，就換一種思維方式，相信只要你懂得安慰人的說話藝術，句句都能暖人心。

7・對朋友的請求，不要斬釘截鐵地拍胸脯答應

有一句話說得好：從你承諾的那時開始，你就欠下債務了。欠債不還，豈不誠信大跌，威望全無！所以，我們要記住：「不要輕易承諾，一旦承諾，就要千方百計去兌現！」

一個人的誠實與信譽是獲得良好人際關係，走向成功的基礎，能否兌現承諾便是一個人是

否講信用的主要標誌。當你答應某人去做某事之前一定要思慮再三，因為「言必信，行必果」是人們的一種期望。生活中有許多事情是超越個人能力範圍的，總有一些諾言是難於實現，因此在這種情況之下，就要坦誠面對事實，及時求得當事人的諒解。

因為，當朋友沒有得到你的承諾時，他就不會心懷希望，更不會耗費時間焦急地等待，自然也就不會承受失望所帶來的打擊。相反地，一旦你給出承諾，無疑是在他心裡播下希望種子，一心一意等待你兌現承諾，但是如果你沒有達成他的願望，就會延誤他尋求其他幫助的時機，相當扼殺了他的希望。

如此一來，你在他人心目的形象就會直線下跌，別人因你不能信守承諾而不相信你，從此便不願再與你打交道。有些人在生活或工作上經常不負責任，許下各種承諾，而不能兌現承諾時又不及時告訴對方，結果給別人留下惡劣的印象。

很多情況下，諾言能否兌現，除了需要主管的努力，同時也被很多客觀因素影響。有些事情本來成竹在胸，由於一些意外情況使事情發生了變化，一時之間無法辦到，這是常有的事情。因此，無論是在生活中，還是在工作中，都不要輕易許諾，許諾時更不要斬釘截鐵地拍胸脯保證，應該給自己留下一定的餘地。

當然，這種留有餘地不是給自己不作努力尋找理由，而是在自己並無把握辦到的情況下給自己留下一條退路。

給人承諾時，不要把話說得太滿，這樣很容易給人留下說大話、吹牛的虛偽形象。要依自己的能力去採取相應的承諾，下面介紹幾種不失分寸的承諾方法：

- **對不是自己能獨立解決的問題，應採取隱含前提條件的承諾**

如果你所做的承諾，自己不能單獨完成，還需要透過第三者的幫忙時，那麼你就必須在承諾中提前說明，讓對方理解相關事宜的複雜性。

- **對於不太有把握的事情，可以採取彈性的承諾**

如果你對辦成事情不太有把握，就應該把話說得靈活些，給自己留下餘地。例如，使用「協調看看」、「盡量喬喬看」、「我試試」等字眼，這種語言可以給自己留有一定的迴旋空間。

- **對於需要耗費較長時間的事情，可採取延緩性承諾**

有些事情，當時的情況許可，可是若歷時久遠，一切情況可能會發生變化。那麼，你在承諾時就要採用延緩時間的辦法，即把實現承諾結果的時間說得長一點，給自己留下為實現承諾創造條件的餘地。

比如：有人要求老闆為自己加薪，老闆可以這麼說：「要是年終結算公司經濟效益好，公司可以給你加薪一成。」用「年終結算」一語表示實現承諾時間的延緩，顯得既留有餘地，又合乎情理。

誠信一直是看待一個人的行為標準，所以做人一定要言而有信，不能信口開河，也千萬不要拍著胸脯做根本沒有把握的承諾。「空頭支票」害人害己，承諾過的事就必須做到，否則你的言行只會讓人質疑你、嘲諷你。

第八章

臨危不亂，妙語擺脫窘境

意外總會時不時出現在我們的生活中，當我們因一時失誤或因為他人的捉弄而在公共場合出醜的時候，總會令人覺得十分尷尬。這時就需要發揮你說話的藝術，用巧妙的語言將眾人的注意力轉移，或是給自己鋪一個臺階，幫助自己擺脫窘境。只要我們使用得當，不僅可以讓人化解尷尬，還能讓自己賺足人氣。

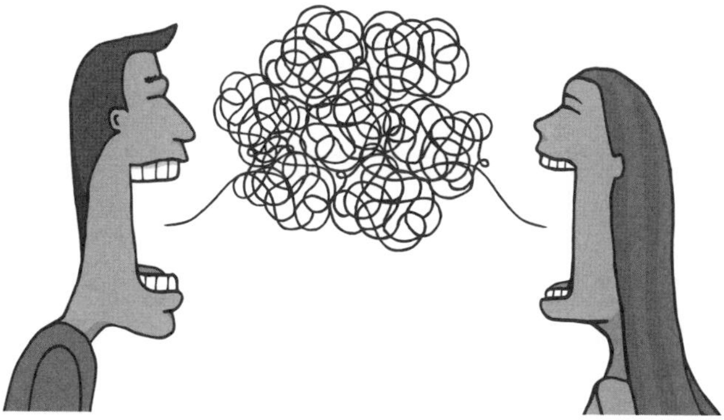

1．言語失誤時忌亂分寸

在日常交際中出現言語失誤是非常普遍的事情，無論你是一個口齒伶俐的人，還是一個學識淵博的人，都免不了會有說錯話的時候。一旦言語失誤，就有可能會對他人造成傷害，或者是授人以柄，造成人際關係的緊張，甚至會因言語失誤而給自己帶來災禍。

當你在生活中由於言語失誤，一不小心說錯了話，惹怒了他人，你不必焦急和煩惱，也不需立刻道歉，因為這都不能解決問題。在這種情況下，最好先穩住心神，保持情緒的穩定。只有這樣，你才能從失誤的語言本身著手，將失誤的語言轉化為美好的語言。即使經常妙語連珠的人，也有說錯話的時候，但是他們卻不會因為說錯話而得罪他人，原因在於他們懂得如何化解錯誤的言語帶來的不良後果，這就是說話的藝術。在特定的環境下，只要我們能夠冷靜應對，一定可以用自己的方法為自己的錯誤「打圓場」，消解誤會。

言語的失誤不僅會造成對他人的傷害，從而影響自己的人際關係。在某種特定的環境下，還會因為言語的失誤而引起眾人的一致譴責，大大損害自己的形象和聲譽，甚至授人以柄，為自己招來禍患。歷史上，有不少人因為言語失當而招來禍患。所以，我們必須懂得如何為自己錯誤的言語辯解，將災禍消弭於無形。

阮籍是一個直性子的人，想到什麼就說什麼。有一天上早朝時，忽然有人奏報：「有逆子殺死他的母親！」阮籍順口說了一句：「他殺父親也就罷了，怎麼能殺母親呢？」此言一出，滿朝文武都對他怒目而視，眾人紛紛指責他，認為他此話「大逆不道」。阮籍自然也知道自己說錯話了，搞不好會因為這一句話丟官去職，甚至腦袋搬家也有可能。於是他腦筋一轉，想出應對的說法。他向眾位大臣解釋說：「眾位同僚不要誤會，我的意思是說，禽獸雖不知其父，必知其母，萬萬不會殺死自己的母親。殺父的人已然和禽獸無異，此人連自己的母親都殺了，那就更加禽獸不如了。」阮籍避開了眾人的正常思維，用另一種思維方式重新解釋了自己的話，而且句句在理，不由得那些大臣不服。就這樣，平息一場口誤風波，保全了自己。

很多時候，人就是需要有辯才的能力，否則，當別人誤解你時，若你連解釋的能力都沒有，導致誤會叢生，那麼就是陷自己於不利當中。總而言之，當說錯話遭到他人指責時，我們一定要保持理智，切記不可亂了方寸。

2・幽自己一默來化解尷尬

在交際場合中經常會發生一些令人尷尬的事情，如果我們置之不理，只會令自己更難堪；在這種情況下，我們應該從容以待，學會用自嘲的辦法，讓尷尬變成笑聲，在笑聲中使場面再次活絡。

自嘲是一種智慧，也是一種充滿魅力的交際手段。在交際的過程中，有些別有用心的人可能會故意給我們難堪，在這種情況下，如果我們大發雷霆，反唇相譏，那麼不僅會顯得我們沒風度，還會讓場面陷入僵局。因此，我們必須懂得如何自嘲，用自嘲的方法反擊對方，既不失風度，又能夠讓對方知難而退。

偉大的作家蕭伯納的劇本《武器與人》首次公演，應觀眾的要求，蕭伯納上臺接受他們的祝賀。然而，蕭伯納剛剛走上台，就聽到有人大聲對他喊道：「滾回去，誰要看你的劇作，糟透了，回去吧！」

瞬間，本來熱鬧的會場一下子安靜了，所有觀眾噤聲，屏息以待一場暴風雨的降臨。但蕭伯納並沒有表現出任何生氣的樣子，反而面帶笑容地對那個人鞠了一個躬，然後說：「我的朋友，我完全同意你的意見，但遺憾的是……」說著，他將手指向劇場裡的其他觀眾，又說道：「我們兩個人反對這麼多觀眾有什麼用處呢？我們能禁止這劇本演出嗎？」

劇場瞬間爆出熱烈的掌聲和笑聲，那個故意挑釁的人灰溜溜地逃離劇場。

在交際場合中，那些故意令你難堪的人，其目的就是要讓你大發雷霆，讓你失去風度，從而攪亂整個場面。如果你真的如他所願，那麼你就上當了。在這種情況下，一定不要生氣，也不需要據理力爭，你大可以在表面上順從對方的意思，然後用自嘲的方式暗地譏諷對方。這樣，既能令對方知難而退，又能用幽默的方式讓那些因為對方的咄咄逼人而不知所措的其他人會心一笑。何樂而不為呢？

事實上，當別人故意給我們難堪的時候，我們完全沒有必要和對方相爭，因為大多數人都是站在我們這邊的，即使讓他在態勢上占了上風也無所謂。我們若能運用自嘲的辦法博得大家會心一笑，尷尬的局面自然就冰消瓦解。

著名演員葛優，有一個禿頂的特徵，當別人調侃他時，他就說：「熱鬧的馬路不長草，聰明的腦袋不長毛！」小品演員潘長江個子矮，他卻可以自嘲地說：「濃縮的都是精華！」

在社交的場合，除了別人會不小心讓我們陷入尷尬當中，有時候我們的無心之失也有可能把別人推向尷尬的境地。這時，我們依然可以運用自嘲的辦法，化解尷尬，讓對方在笑聲中解脫出來。

古人說：「一笑泯恩仇。」任何尷尬和誤會在笑聲中都很容易消除，特別是在社交場合，一旦因自己的失誤造成別人的尷尬和自己的不好下臺，導致所有的人都屏氣斂神。最聰明的做法就是拿自己尋開心，讓大家在笑聲中從尷尬境地走出，場面自然可以重新活躍起來。

總而言之，在社交場合，冷場是要不得的，只要是冷場的產生和自己有關，我們都可以運用自嘲的辦法來化解。一個人能夠拿自己的缺點來尋開心，體現出的是這個人良好的修養。

3．背後道人長短，反被當事人得知的應變力

俗話說：「誰人背後無人說，誰人背後不說人。」生活在這個社會中，我們每個人都會成

為別人談論的八卦，而我們本身也會有談論他人的時候。背後議論他人不可能全部都是褒揚的，批評在所難免。即使我們是站在客觀的角度來看待某個人，我們的議論也有可能會得罪被議論者。所以，大多數時候，我們總是避免自己的議論被當事人聽到，但是「常在河邊走，哪能不濕鞋」，百密總有一疏，萬一我們正在議論別人的時候，卻被當事人得知，又該怎麼處理呢？

那種尷尬的情景，恐怕很多人想都不敢想像，就像是做賊當場被抓包一樣，超糗的。有的人或許認為，自己說的每句話都是事實，即使被對方聽到也無所謂。但是即使你說的是事實，但只要是批評的語言，就是會讓對方心懷怨恨，你仍必然要為此付出代價，輕則關係破裂，重則會大打出手。如果不願看到這樣的結果，我們就必須想辦法彌補。所以，當我們在背後道人長短，卻被當事人聽到的時候，就是考驗我們應變能力的時候。

乾隆時期的禮部尚書紀曉嵐與乾隆皇帝之間的故事，堪稱此例的經典。一天，乾隆皇帝來訪，紀曉嵐在書房迎候皇上，彼此閒聊一番之後，當乾隆皇帝跨出大門離開的時候，紀曉嵐就問身邊的管家說：「老頭子走遠了嗎？」誰知這話竟被剛跨出門不遠的乾隆皇帝聽到了。被人背後稱為老頭子，乾隆皇帝自然很不高興，於是他回頭去責問紀曉嵐是什麼意思。紀曉嵐也知道事情不妙，哪有大臣在背後稱皇帝為老頭子的。不過他急中生智，慢條斯理地解釋說：「萬歲爺不要發怒，奴才之所以稱您為『老頭子』是對您的尊敬。『萬壽無疆』稱為老，『頂天立地』稱為頭，皇上稱為『天子』。這就是我稱您為『老頭子』的緣故。」

一番花言巧語把滿懷怒氣的乾隆皇帝哄得心花怒放，輕輕放過紀曉嵐的「大逆不道」。

雖然人人都會在背後道人長短，說人八卦，可以一旦聽到是別人在議論自己，往往會非常生氣。如果你不想因此惹怒一個人的話，就必須發揮「三寸不爛之舌」的功夫，巧言掩飾，消除對方的怒氣。像紀曉嵐一樣，他就是透過對「老頭子」這個常見的詞語進行新的解釋，將原本不好聽的話變成了吉祥話，才使得乾隆皇帝轉怒為喜。

無論用哪一種掩飾的方法，只要我們能夠讓自己對別人批評轉化為讚美之語，那麼就不會因此和對方產生隔閡了。當然啦，這一切需要建立在我們擁有良好的心理素質、卓越的口才和快速的應變能力。當然，如果我們的話實在是難以掩飾，那麼我們也只好暫時住口，以後找個好機會，誠心誠意地向對方道歉，或許還可以挽回局勢。

4・被人捉弄出盡洋相時的應對措施

每個人在別人面前都想維護自己的形象，誰也不願意當眾出醜，因為那種尷尬的場景實在是讓人難以接受。即使我們小心翼翼，也難以阻擋他人對我們的捉弄。比如說，當你想要坐下的時候，別人突然從身後把凳子抽走，然後我們跌坐在的；在我們背後貼了一張畫著烏龜的紙條……

被人捉弄而出盡洋相的事屢見不鮮，這些人或許不是惡意，只是好玩、開玩笑。但是對於被捉弄的人來說，因此出糗是非常難堪的。因為它毀掉我們在大家面前的形象，遭人嘲笑。這種心理傷害是很大的。即使我們當場發作，與捉弄自己的人大吵一架，也無濟於事，反而會讓自己難堪。所以，當我們面對這樣的情況時，要做的不是找誰算帳，而是怎樣擺脫尷尬的境況，不要讓自己的形象被毀掉。我們可以從下列方式應對：

・保持情緒的穩定

當尷尬的局面出現時，瞬間的不自在是在所難免的，但是心裡絕對不要慌亂。一來心慌無濟於事，又容易讓別人覺得懦弱；二來心慌的時候更容易出錯，那麼可能出現更多糗事。當我們表現得若無其事的時候，對方笑笑也就算了，絕不至於擴大事件。

- **走為上策，逃離出糗現場**

三十六計，走為上策。當我們實在無法化解尷尬的局面的時候，就逃離現場吧，這樣失去我們這個主角，其他人自然失去興趣，我們也不必忍受他人的嘲弄。

- **開個玩笑，幽自己一默**

幽默的人是最能適應環境的。幽默是人際交往的潤滑劑，也是解決出醜尷尬的好辦法。當我們被人捉弄，陷入尷尬局面的時候，我們可以用幽默的語言來化解。

5．面對別人的當眾指責，該有的應對方式

在很多情況下，我們所做的事情未必符合別人的心意，即使我們看來並沒有做錯；再加上某些人脾氣暴躁，或是地位超然，就更加不會顧及我們的感受了。

被人當眾指責是一件很沒面子的事，膽小怕事者會因為對方的指責而陷入窘境；脾氣暴躁者則會因此與對方發生爭吵。這兩者都不是最好的解決辦法。事實上，由於引起對方指責的原

因不同，我們可以據此採取靈活的應對方式。但是無論是因為我們做得不對，還是對方的誤解，我們在處理這樣的事，都要記住不能硬碰硬，要戒急用忍。

朱曉是一家商場的營業員。有一次，她接待了一位女顧客，這名女顧客挑選東西十分挑剔，足足三十分鐘還沒有選定。這時候，又有一個顧客進門，其他的營業員也都在忙碌。朱曉見到這種情況，改忙著去接待新來的顧客了。

這一來，那名女顧客發火了，大聲對朱曉喊道：「你這是什麼服務態度，你沒看見我先來，他們後到的嗎？為什麼扔下我不管了。」面對這莫名其妙的指責，朱曉也一把火往腦門衝，但是作為服務人員，又不能因此與顧客發生爭吵。她深呼吸一口氣，壓住心中火氣對那名女顧客說：「請您原諒，我們店裡生意忙，對您服務不周到，讓您久等了，謝謝您提出寶貴意見。」

這話說得毫無破綻，那名女顧客也挑不出毛病了，反倒覺得自己剛才有點過分了，於是她對朱曉說：「抱歉！我的話說得不好聽，也請你原諒。」

既然對方已經當眾指責我們了，那麼就必定有他自以為的原因，我們如果不想讓對方滔滔不絕地說下去，不想因此與對方發生衝突，那麼首先要做的就是熄了對方的火，讓對方無火可發。

所以，當有人指責我們的時候，我們必須學會「以柔克剛」的辦法，讓對方的「火氣」對上我們的「和氣」，這樣就失去了發火的理由和動力，自然會降溫熄火了。

硬碰硬是處理這類事情的大忌，當對方指責我們的時候，一定是充滿火藥味的，如果我們絲毫不讓步，那麼必然激起對方更大的怒火，到時候一發就不可收拾了。不但我們會在尷尬的局面中下不了臺，甚至還會影響我們與對方的關係徹底破裂。但是在處理這樣的事情時，很多人還是會壓抑不住心中的怒火，因為對方的當眾指責常常是毫無道理的，自己沒有必要讓步；即使是因為自己做錯，對方也不應該當眾指責自己，為了維護自己的面子，勢必要與對方硬抗到底，但是結果反而容易造成更難收拾的局面。

即使是在我們有道理的情況下，面對對方的指責，我們也不應該直接與對方硬碰硬，尤其是面對比自己的地位更高的人。在我們有理的情況下，我們自然是不願意在大庭廣眾之下失去面子，但是不要忘了對方一樣不願意失去面子。當我們對他的指責進行反駁的時候，就一直在削他的面子，他為了維護自己的面子，即使最後使出最不講理的招數，也是有可能的。面子很重要，但是人際關係更重要，為了面子毀了自己的前途是不值得的。

其實，只要是我們有理，那麼順從一下對方的指責，讓對方有個臺階下，指責也就結束了，我們不會因此而折了面子。

一塊巨石如果落在一堆棉花上，則會被棉花輕鬆地包裹在裡面。對付盛怒中指責我們的人，最好就是以柔克剛，以四兩撥千斤。以剛克剛，永遠是兩敗俱傷的結局。

當然，如果對方是故意要在大庭廣眾之下讓我們下不了臺，那麼我們也不必跟他客氣，只要我們言之成理，讓對方的指責站不住腳，那麼不用我們去指責他，旁人自然也會讓他下不了臺。

6・面對奚落，順水推舟的應對模式

在生活中，我們不可能和每一個人都保持良好的關係，再加上有些人喜歡奚落別人取樂。所以，被別人奚落是會發生的事情。面對別人的奚落，大多數人都會異常憤怒，進而與對方展開無意義的爭吵。這反而中了對方的圈套，他之所以奚落你，就是要看你暴跳如雷的樣子。所以，面對別人的奚落，我們應該保持鎮定，運用說話的智慧，順水推舟，將奚落的語言回敬對方。這樣，對方不僅沒能看到你暴跳如雷的樣子，還成了被奚落的人，自然會索然無味的地默默離開。

著名的戲劇家蕭伯納非常善於打「反奚落」戰。蕭伯納是一個非常瘦削的人。有一次，他遇到一位大腹便便的商人。那個商人想借機奚落他，於是說：「人們看見你，就知道世界上正在鬧饑荒。」蕭伯納不慌不忙地說：「人們看見你，就知道鬧饑荒的原因了。」蕭伯納就這樣借用那個商人的話，順水推舟地把畫再回敬給對方。這句話經過蕭伯納的反諷之後，將那名商人唯利是圖、為富不仁、奸詐狡猾的為人態度血淋淋揭露出來。

還有一次，有一個資本家想在眾人面前羞辱蕭伯納。他大聲對眾人說：「人們說，偉大的戲劇家都是瘋子。」蕭伯納笑著回敬道：「先生，我看此時此刻你就是最偉大的戲劇家耶！」那個資本家本想要羞辱蕭伯納，卻反而被蕭伯納給羞辱，氣得臉都綠了。

當別人奚落我們的時候，我們不能逆來順受，最好的辦法就是能把奚落的語言還給對方，這就需要我們在說話的能力上面下功夫。通常情況下，旁人奚落我們都會抓住某一個特點進行貶低性的描述，這時候，我們可以順水推舟，來個「鬥轉星移」，借用他奚落的語言去奚落他的某個缺點，可以不動聲色、像開玩笑一樣，把本可能發生在自己身上的尷尬，轉移到對方身上。

實際上，順水推舟就是一種隱形的反擊，當別人對我們奚落的時候，我們不可能無動於衷，奚落語言的外在表現就是在開玩笑。而順水推舟，則是以其人之道還治其人之身，將回擊隱藏於玩笑話裡，既可以反奚落對方，又可以製造一種幽默的氛圍，贏得其他人的讚賞。

總而言之，能夠在別人奚落自己的時候，始終保持微笑，保持應有的風度，並能在隻言片語間化解對方的奚落，讓對方知難而退，你絕對是一個有智慧的人，也必能贏得他人的尊重。

7．面對咄咄逼人者的因應方式

當我們與別人交談的時候，對方出於某種目的，可能會在言語上向我們挑釁，用咄咄逼人的方式將我們逼至死胡同。在這種情況下，如果我們還不想與對方鬧翻，又想達成自己的目的，就必須巧妙因應對方在語言上的攻擊。

「舌戰群儒」應該算是最經典的因應對方咄咄逼人的範例。諸葛亮氣度雍容，神閒氣定，一一駁倒東吳眾儒生的詰問，這場談話可謂是酣暢淋漓，諸葛亮運用「三寸不爛之舌」成功擺脫了眾儒生的糾纏，勸說孫權「孫劉聯盟」。

對方咄咄逼人，我們自然也不能示弱，同時還要注意當我們反駁對方時，切不可因為對方的譏諷而憤怒，否則會影響我們的思維，也有失風度。咄咄逼人的話往往專門往我們的痛處下手，對方的每一句話幾乎都會暗含譏諷，很容易讓我們難堪。在這種情況下，我們要進行反擊，但是也要注意控制其「衝撞效應」的力道，既得理又不失和，有理有節地將對方駁倒，才算是成功的因應方式。

在因應對方的咄咄逼人時，我們不僅要處在防禦的位置，更要回覆對方痛快的一擊，才能讓對方受挫，其氣焰才能不再那麼囂張。

一般來說，咄咄逼人的談話都是有備而來的，一開始就會直接進攻我們的「要害部位」，令我們處在被動的位置頻頻接招。所以，當對方咄咄逼人的時候，我們一定要保持心神的穩定，切不可因對方的咄咄逼人而在氣勢上輸了，否則我們很難做出有效的回擊。對付咄咄逼人的談話，可以利用以下的辦法進行應對。

後發制人

這是使自己站穩腳跟的最有效辦法。當對方對我們進行咄咄逼人的逼問的時候，我們可以先不急於反擊，採取守勢，站穩腳跟之後，乘機尋找對方的弱點，然後發起致命的一擊，讓對方的攻勢戛然而止。「後發制人，先發者制於人」，先把拳頭縮回來，到一定程度看準了對方的弱點，再猛烈攻擊。回擊的時機以下列兩個時間點最為關鍵：

- **對方無法自圓其說的時候**

咄咄逼人者由於準備充分，因而在開始的階段，往往鋒芒畢露，這時候我們根本找不到破綻，不適宜反擊。等到他進攻勢頭變弱下來時，破綻隨之出現，一旦他的鋒芒收斂，我們就不要給他喘息的機會，直接進行反擊。

- **對方黔驢技窮的時候**

當對方把他事先準備好能夠打擊我們的語言全部用完，喪失進攻能力的時候，彼竭我盈，我們就可以一鼓作氣，快速回嗆。

針鋒相對

這是諸葛亮「舌戰群儒」採用的辦法，無論對方出什麼樣的難題進行刁難，都能見招拆招，一一化解，將對方的言語全部駁倒，直到對方再也沒有什麼好說的。這是火力對火力的正面交鋒，但前提是我們必須要具備優秀的語言能力下才能施展得宜。

佈置陷阱

這可以說是一種誘敵之計，面對對方的猛烈進攻，我們不需要進行正面交火，假裝節節敗退，將對方引入我們設計的語言陷阱之中。到那時候，我們就可以完全處在進攻的地位，想不成功都難。

專注一點進行反攻

這種方法一般用在已經是無招架之力的時候。當對方的話語尖銳，火藥味十足，而我們又沒辦法進行反擊時，我們就必須留神他們話語中的漏洞。只要抓住一點，我們就可以揪住不放，然後無限放大，使其不能再展開其他問題。

胡攪蠻纏

這種方法近似於耍無賴，但是當對方已經把我們逼入死胡同的時候，我們也要不得已而用之，跟對方胡攪蠻纏一番，把沒有理的說成有理的；把本來不相干的事聯繫在一起，攪亂對方的逼問，然後給自己留下思考對策的時間。

把球踢給對方

這是一個最常用的辦法，當對方的逼問難以回答，無論是肯定或者是否定的回答都會出錯時，我們就可以把問題踢還給對方，反將對方一軍。比如，有個國王問阿凡提：「人人都說你聰明，不知是真是假？如果你能數得清天上有多少顆星，我就認為你聰明。」阿凡提回答國王說：「好呀！如果您能告訴我，我騎的毛驢有多少根毛，我就可以告訴你天上有多少顆星星。」

跟對方打迷糊仗

就是給對方一個模棱兩可的回答，好像在打乒乓球一樣，似乎球出臺，又略微擦一點邊，叫對方無可奈何，接也不是，不接也不是。這樣的回答看起來雖然沒有正面回應對方的問題，卻也讓對方不知如何回應。

8．面對無理取鬧，不可針鋒相對

一個情緒失控的人，是無法與他正常溝通的，哪怕你說得再有道理，他也不會聽你的。面對情緒失控的人，不要也被撩起情緒，一定要以冷靜、客觀的態度回應。要記住，與一個情緒失控的「瘋子」爭辯，是不會有任何結果的。對方愈是衝動、憤怒，你愈是需要冷靜、理智。

當對方對你無理取鬧時，如果和他對著幹，正好中了他的圈套，也許他正想藉此發洩情緒激起你的憤怒，讓你失去理智，從而做出錯誤的決定。此時最好的辦法就是不和他計較，寬容一點，你收穫的將不只是好心情，還會避免陷入更多的麻煩。

有一天，一個年輕人無意間遊蕩到大德寺，正遇到一休禪師在講佛法。年輕人聽完之後，內心異常懊悔，決心痛改前非，並且對一休禪師說：「師父！今後我再也不與別人斤斤計較，勾心鬥角了，即使人家把唾沫吐到我臉上，我也會忍耐拭去，默默承受。」「就讓唾沫自乾吧，何必拂拭呢！」一休禪師輕聲說道。年輕人聽完，繼續問道：「如果拳頭打過來，又該怎麼辦呢？」禪師笑著回答：「一樣呀！不要太在意！只不過一拳而已。」年輕人覺得這實在太無法忍受了，於是便舉起拳頭朝禪師的頭打下去，然後問禪師說：「現在你感覺怎麼樣呢？」

結果，禪師一點兒也沒有生氣，反而十分關切地說：「我的頭硬如石頭，可能你的手倒是打痛了吧！」年輕人無言以對，似乎對禪師的話語有所領悟了。從此以後，年輕人再也不和別人斤斤計較，總是竭力避免衝突和矛盾。

如果你和一個無理取鬧的瘋子對著吼叫，那你也變成瘋子了，一個睿智的人從來不會在乎愚蠢之人所發起的挑釁。當然，多數時候，面對別人的無理取鬧，我們是很難平靜下來的。那麼，怎麼做才能保持理智呢？

首先，是躲避。本著惹不起、躲得起的原則，躲得越遠越好。

其次，是轉移。當你和別人發生衝突，火氣上湧的時候，有意識地轉移目前的話題或做點別的事來分散注意力，便可使情緒得到紓解。在負面情緒沒有消除時，可以用看電影、聽音樂、下棋、散步等有意義的活動，讓自己緊張的情緒放鬆下來。

第三，是釋放。釋放不是要你去和對方對罵，而是找身邊的朋友聊一聊，將心中的鬱悶吐出來，不要憋在心裡。這種發洩可以釋放積於內心的鬱悶，對於人的身心發展是有利的。

第四，控制忍耐，這是最主要的方法，就是你怎麼罵我都不生氣。古人說：「忍一時風平浪靜，退一步海闊天空。」小不忍則亂大謀，忍耐不是目的，是策略。三國演義裡諸葛亮三氣周瑜，如果周瑜的氣量大些，何至於發出「既生瑜何生亮」的感慨呢！何至於被活活氣死？

莎士比亞說：「自我控制是人類與其他動物的根本區別，不能進行自我控制，就不是真正的人。」我們要保持理智，不去和無理取鬧之人針鋒相對。因為那只會損壞我們自己的形象，影響自己的心情，沒有一點益處。

第九章 有話不直說，人前人後留情面

我們常說「良藥苦口利於病，忠言逆耳利於行」，然而逆耳忠言未必能夠發揮作用，反而會給自己招來禍患。所以，很多時候，忠言也未必一定要逆耳，同樣的話換一種婉轉方式來說，或許能更好達到自己的目的。有話不直說，口下留情不僅能夠達成目的，還能給自己留一條退路。

1．直言是刀，傷人也傷己

直言直語是人性中一種美好的特質，因為直言直語的人，能闡明是非善惡，讓正義得以伸張，讓錯誤得以暴露，我們也常常會對那些直言不諱的人加以讚譽，也希望自己身邊能夠有直言直語的朋友。但是當我們真正碰到直言直語的人，尤其是那些經常指正我們的錯誤的人時，心裡往往會非常不舒坦。即使不因此與對方翻臉，也難以消除對方言語上對我們的傷害。所以說，理論上講直言直語是一種美好的特質，但是實際上直言直語在現實生活中是行不通的，即使你直言直語的出發點是好的，但是太直接犀利的言語仍會給別人造成傷害的。

李坤是一家公司的中層主管，也是公司的「大好人」，但是人緣一直不佳，主要的原因就是其爽直的性格，無論遇到什麼事情，他都是直言不諱，造成人人都疏遠他。比如說，他的下屬有人在工作中出現失誤，他就當著眾人的面指責對方，這做得不對，那做得不好。當然，他這麼說並非是為了彰顯自己多麼厲害，而是希望自己的下屬能夠知錯能改，不再犯類似的錯誤。可是，這樣的指責經常讓下屬在眾人面前下不了臺，丟盡顏面，因此，人人都不喜歡他。

面對上司的時候，李坤也是如此。有一次公司召開中層以上主管會議。在會議上，總經理說錯了一個資料，細心的李坤立刻站起來糾正他，弄得總經理羞得臉紅脖子粗。日後李坤的下場可想而知了。

直言直語往往容易傷到別人，因為你的直言直語往往都是針對對方的錯誤，而這些卻是人家避諱的東西。你不顧及他人感受而當面指出他們的錯誤，自然會讓他們感到難堪。長此以往，無論你是否出於好心，一樣不會受到他人的歡迎。

語言是一把利刃，用不好就會傷到他人，直言直語最容易犯下這樣的錯誤。直言直語的人往往憑藉自己的主觀判斷來評價他人，在沒有弄清事實的情況下，一吐為快，結果無形中傷到他人。

即使是朋友之間，因言語不合造成雙方老死不相往來的狀況也是常見的，所以不要主觀認為只要你不存惡意，別人就不會對自己心存怨恨，畢竟你所說的每一句話都是給別人聽的，當你的言語傷害到別人的時候，別人自然會對你心生怨恨。當這種怨恨累積到一定程度時，要麼疏遠你，要麼就直接對你進行報復。

其實直言直語的人並不是故意要奚落對方，而是真心想要幫助對方，但是如果你不注意自己的表達方式，不僅不能幫助人，反而讓人對你埋怨，這又何苦呢？當你直言不諱地指責對方，就等於是在揭人家的瘡疤，人家哪有不痛的呀！所以，話在出口之前，一定要多想幾遍，不要在不適當的場合和時間說出不當的話。

2．婉言暗示勝過直截了當

與人相處一定要學會裝飾自己的語言。那麼如何才能更好地裝飾自己的語言呢？我們一定要學會用委婉的語言來闡明自己的觀點，既不傷害對方，又能讓對方從字裡行間中聽出我們所要表達的意思。這就是說話的最高境界。

歷史上的能言善諫者幾乎都是透過委婉的方式來向君王闡述自己的觀點。比如，鄒忌以自身的實際經歷來暗示齊王要廣開言路，以免閉塞視聽；觸龍也是用自己做比喻向趙太后說明，讓自己的孩子為國家建功立業，才是對孩子的愛護。因此勸得趙太后同意長安君到齊國為人質。

委婉的暗示是最好的表達自己觀點的方式，一方面，每個人都有自己的固有觀點，如果你直接反駁對方的觀點，不但難以讓對方信服，反而會引起無謂的爭辯。另一方面，每個人抗壓性是不一樣的，如果你要表達的觀點正好超出對方所能接受的程度，那麼必然引起對方的不快，即使你說得很對，對方也不會接受。用委婉的方式表達出來，既能保住對方的顏面，又能讓對方欣然接受。

曹操的三兒子曹植才思敏捷，聰明能幹，很得曹操的寵愛，他決心廢掉太子曹丕，而立曹植。當曹操下了廢長立幼的決心，這在封建社會被認為是不合乎政治倫理的事情，往往會引發動亂不安，所以大臣據理力爭，甚至不惜獻出生命勸諫，於是朝野因為此事鬧得很僵。

有一次，曹操斥退左右侍從，引謀士賈詡進入密室，向賈詡問話，賈詡卻沉默不語。曹操再問，賈還是沉默。這樣一連幾次發問，曹操生氣了，責問賈詡：「我和你問話，你卻不回答，到底為什麼？」賈詡回答：「對不起，我剛才正好在思考一個問題，所以才失了神。」曹操追問：「你在思考什麼？」賈詡回答：「想到了袁本初、劉景升父子的事。」曹操大笑，決心不再廢長立幼。

原來當年袁紹就是因為想要廢長立幼，結果導致幾個兒子之間互相不服氣，各自拉幫結派，互相爭鬥不休，這才給了曹操可乘之機，順利滅了袁紹的勢力。

委婉就意味著沒有攻擊性，這比充滿攻擊性的直截了當要有效得多。在很多時候，對方並非不明白我們要說什麼，也並非不能接受，只因為我們所說的話太過直白，結果讓對方出於面子的考慮，不得不將我們拒之門外。如果我們能夠旁徵博引，運用隱晦的方式將自己所要說的話表達出來，對方就比較容易接受，如此你的話語就能發揮作用，讓人順利接受你的建議了。

3．正話反說，容易讓人接受

有人曾經說：「是人才不一定會說話，但是會能言善道者必定是人才。」在如今競爭激烈的職場中，如果一個人擁有「會說話」的能力，通常能達到事半功倍的效果，正話反說更是一種高明的說話技巧。

所謂的正話反說就是對某一話題不做直接的回答或闡述，卻有意另闢蹊徑，從反面來說，使它和正話正說殊途而同歸。這樣既可以避免正面衝突，含蓄委婉，又可以收到出奇制勝的效果。

我們知道，說話的過程其實就是一個說服他人的過程。說服他人不是一件簡單的事情，因為當一個人決定要做某一件事情的時候，他已經為做這件事情想好無數理由了，如果你逐一駁斥對方，那麼很難說服對方。在這種情況下，如果我們能從其反面入手，闡述自己的觀點，反而更容易勸服對方。

齊景公喜伺老鷹，並以老鷹獵兔為樂。一天，燭鄒不慎讓一隻老鷹飛走了，引得齊景公大怒，下令將燭鄒斬首。晏子為了營救燭鄒，立即上前拜見齊景公，說：「燭鄒有三大罪狀，哪能如此輕易殺他呢？請讓我條條細數他的罪狀再殺他，可以嗎？」

齊景公說：「可以。」

晏子指著燭鄒說：「燭鄒！你為大王養鳥，卻讓鳥逃走，這是第一條罪狀；你讓大王為了鳥而殺人，這是第二條罪狀；把你殺了，天下諸侯都會責怪大王重鳥輕士，這是第三條罪狀。」齊景公聽完，隨即醒悟，赦免了燭鄒的死罪。

晏子表面上是在替齊景公洩憤而怒罵燭鄒，實則指出齊景公重鳥輕士的過錯。

我們說話的目的是為了說服對方，而不是為了與對方進行爭辯，一旦引發爭辯，那麼說服的目的就難以達成了。因為，任何一場爭辯，幾乎都是沒有勝敗的，「公說公有理，婆說婆有理」。誰都無法說服對方。再者說，一旦與他人在言語上發生正面衝突，就很難再將談話進行下去。所以，我們可以採用正話反說的方式，先取悅於對方，這樣我們就可以順利將自己的觀點滲透其中，進而說服對方。

在說服別人的過程中，正話反說的步驟如下：

一、先在表面上同意對方的觀點，這樣對方就會放下戒心，肯聽我們的話。

二、順著對方的觀點進行邏輯上的推理，引出對對方不利的結論。當然結論雖是不利的，但是我們在言語上還是要認為這是好的，這樣才能達到諷喻的效果，發人深省。

我們的觀點可以在幽默中傳達給對方。這樣的勸服方式就像是在撞球，開始的時候使對方心情愉悅，讓對方只能依著球桿的力量前進，卻無法倒退。採取的是「迂迴」的方式，讓對方一步步陷入你設下的圈套，達到勸服的目的。

當我們想要闡明自己的觀點並說服對方的時候，我們首先要引起對方的興趣，讓對方願意聽自己的話，並選擇一種別人願意傾聽的說話方式。所以，這個時候，正話反說就顯得尤為重要了。正話反說可以先把聽者想要聽的事情，在他們想要聽的時間之內，以恰當的語言說出來，這樣對方就會非常感興趣。而在恰當的時機，話鋒一轉，將話語引向自己的觀點，這樣就能夠很容易打進對方的心坎。這就是正話反說的妙處。

總而言之，當你想要勸服別人，而別人又不願意聽你的話的時候，你就可以嘗試正話反說的方式，讓你的言語打動對方，從而一舉說服對方。

4・循循善誘勝於苦苦哀求

循循善誘是一種言語上的佈局，也就是說我們在勸服對方的時候，要按照一定的邏輯順序，安排自己的談話方式，讓自己的每一句話都充滿誘惑力，引導對方按照自己的邏輯思維思考問題，最終認同我們的觀點。事實上，循循善誘之所以比苦苦哀求更有效，是因為循循善誘從一開始就能打破被說服者對說服者的排斥心理，這樣就贏得了情感上的支持。

再加上循循善誘本身具有很強的說理性，它能夠從道理上出發，讓對方恢復理智的思考，最終改變被說服者的固有觀點。而苦苦哀求只會增加被說服者的反感，進而激怒對方，使得自己的話語完全被排斥在對方的心門之外。

循循善誘就是一種高明的談話方式，這種談話方式在對方對你抱有排斥心理的時候，作用尤為明顯。當對方明顯對我們的談話有敵意的時候，我們就必須想辦法先化解對方的敵意，否則，談話在第一時間就會「無疾而終」。

總而言之，每個人都有自己的認知和對事物的判斷，想要改變別人是非常困難的，如果你主動挑起與對方的爭辯，那麼往往會無功而返。這時候，循循善誘將會產生非常關鍵的作用，它能夠幫助我們將心中的觀點逐漸滲透到對方的思想裡，進而達到彼此觀點的認同。

5・給帶刺的批評裹上「糖衣」

「良藥苦口利於病，忠言逆耳利於行」，但在現實中，真正能接受逆耳忠言的人並不多，大多數人寧可聽那些甜言蜜語，即使是糖衣炮彈也甘之如飴。如果我們對於別人的錯誤進行強硬的指責，多半會引起對方的反擊，最終無法實現令其改正的目的。而如果我們懂得採用「迂迴」戰術，用「糖衣」包裹住自己批評的語言，那麼對方就能夠接受批評，並認識到自己的錯誤。

著名教育家陶行知先生有一回看到一個學生用泥塊砸另一個學生，他上前制止並讓這個學生放學後到辦公室等他。陶行知回到辦公室之後，先拿出一塊糖給那個學生說是獎勵他沒有遲到。接著陶行知給了他第二塊糖獎勵他聽自己的話。然後陶行知又給了他第三塊糖獎勵他見義勇為，幫助受欺負的女生。當那個學生認識到錯誤的時候，陶行知拿出最後一塊糖獎勵他能正確認識到自己的錯誤。

人人都是愛聽好話的，所有的人都希望別人能夠表揚自己，而不願意讓別人批評自己，一旦聽到批評的言語，逆反心理就會產生作用，即使我們說得很有道理，對方也會無動於衷。所以，讚美的語言，在很多時候比批評的語言更加有力，它能夠真正激發人的鬥志。

不要輕易批評任何一個人，當你絮絮叨叨地批評一個人的時候，你已經在傷害這個人的自尊。當他的自尊被損害的體無完膚時，他或者進行反擊，或者就是被打擊得一蹶不振，這都不是我們想要的結果。所以，我們要學會在批評的言語外面包裹一層「糖衣」，將「訓斥」改為「讚美」，讓對方在愉悅的心情中認識到問題所在並且改正自己的錯誤。

犯錯的人並不代表十惡不赦，如果我們只是指責對方，那麼就等於把對方其他優點一概抹殺，這樣一來，對方哪裡還有改正錯誤的願望。相反地，如果我們能讚美他的優點，那麼就能讓那些犯錯者重新獲得信心和希望，在我們的讚美聲中，對方自然會意識到自己的錯誤，畢竟每一個人都是明白事理的。

良藥未必苦口，在不改變藥效的情況下，我們完全可以加點糖，讓生病的人更願意喝下去；忠言也未必逆耳，只要我們能夠改變一下說話的方式，一樣能夠讓人聽進去。用讚美進行批評，將會讓我們收到事半功倍的效果。

6．難以啟齒的逐客令要講得不動聲色

在我們生活的周圍總存在一些「八卦」份子，他們總是把與人聊天當成是人生第一大快

事，只要抓住機會，就喋喋不休，一遍又一遍地重複著那些毫無意義的話題。面對這樣的人多多少少讓人有些無奈。如果是在空閒的時候，隨口敷衍兩句，倒也沒什麼，但是如果自己有事，對方又不懂得看眼色行事，那麼不少人恐怕就只能乾著急了，因為礙於朋友情面，再怎樣也不能下逐客令。

李華是一個好靜的人，但是他有個朋友卻是天生喜歡聊天的人。兩家又住得非常近，因此，那個朋友經常會在沒事的時候找李華聊天。這一天，李華下班之後已經非常疲累了，就趕緊梳洗之後快快歇息，不料晚上八點一到，家中門鈴響起，那個朋友又來「串門子」了。

李華只能強打精神應付他，怎料那個朋友好像有說不完的話，天南地北的聊不完，先說自己公司的事情，然後扯到國家大事，總而言之，就是沒有他說不到的話題。李華實在是睏得不得了，哈欠連連，可是對方就是沒有停下來的跡象。結果，李華在對方叨叨絮絮的談話聲中睡著了，那個朋友才悻悻然的告辭離開。

「有朋自遠方來，不亦樂乎。」是聖人孔子提出的待客之道。有朋友能夠和自己促膝長談，交流思想，的確是人生一件快事，尤其是在閒暇之際。但是我們並非每時每刻都有時間和朋友聊天，特別是當你想要靜下心來做一些事情的時候，有些喜歡聊天的人總是會在這個時候來擾人清靜。如果我們總是委屈自己「捨命陪君子」，那也不是長久之計，總不能把自己的時間都浪費在這些無聊的事情上。

魯迅曾說：「無端空耗別人的時間，無異於謀財害命。」你願意嗎？所以，最好的辦法就是下逐客令。但是這逐客令必須要下得不動聲色，既能讓對方知趣而退，又能不傷感情。

其實，朋友也不願意浪費你的時間，只不過他們沒有意識到自己的行為已經在耽誤你的時間，他們還以為你也非常樂意傾聽與分享呢！那麼如何才能把逐客令下得不動聲色呢？

‧以婉代直

用委婉的語氣來提醒正在滔滔不絕的客人，自己沒有太多的時間跟他閒扯多。比如，你可以這樣說：「週六的晚上我有空，到時候我們再好好來聊天。但是今天晚上我要趕著寫一份報告，就先不多聊了，要不然我今年的升職就徹底無望了。」這還算是比較直接的一種逐客令，只是語氣上委婉些。或者我們還可以這樣說：「這兩天我媽媽的身體不太好，失眠好幾天了，好不容易媽媽現在已經睡下了，我們說話就小聲一點吧！」只要對方是個明白人，聽了這些話，肯定就會告辭離開的。

‧以熱代冷

這似乎是讓人摸不著頭腦的說法，自己越熱情，對方不是來得更勤快了嗎？其實，熱情都是有一個限度的，當你熱情過度的時候，對方肯定會嚇得不敢再來，或者是不好意思再來。比如說，只要對方一來，你趕緊笑臉相迎，然後沏上一壺上好的茶，捧出瓜子、糖果、水果等食物盛情款待，這麼做一定會讓對方有些招架不住。時間久了，對方就會慢慢減少上門的次數。

實際上，過度的熱情和冷若冰霜是一樣的，只不過冷若冰霜讓人感覺很不舒服，傷害彼此的感情，但是熱情過度卻可以避免這些弊病，但同樣可以起逐客令的效果。

• 以攻代守

用主動出擊的姿態堵住好閒聊者登門來訪之路。先了解對方一般每天幾點到你家，然後你不妨在他來訪前的一刻鐘先「殺」上他家門去。於是，你由主人變成了客人，他則由客人變成了主人。你從而掌握交談時間的主動權，想要何時回家，都由你自己決定了。你殺上門去的次數越多，他就會因為你會來訪而守在他自己家裡，原先天一黑必到你家報到的習慣很快就會改變。再過一段時間之後，他自然而然就會疲乏，不會再想天天有人來訪或是去別人家裡了。以攻代守，先發制人，是一種特殊形式的逐客令。

• 以寫代說

有個嚴肅的老師在自家客廳裡的牆壁貼上了「閒談不得超過三分鐘」的告示，用來提醒來訪的客人，有話快說，不要閒聊耗時間。這種辦法收效神速，誰也不會在別人明確拒絕閒談的情況下還喋喋不休。

所以，我們可以根據實際情況，貼上不同的紙條。比如：「家有考生，請勿大聲喧嘩！」「家中推行早睡早起的健康準則，請大家互相提醒與嚴格遵守！」「減肥中，請勿餵食及大吃大喝！」等等字樣。

- **以疏代堵**

有些人之所以那麼喜歡閒聊，是因為他本身沒有什麼事情可做，也沒有什麼特別的興趣愛好。所以，我們可以從這方面想辦法，從源頭上解決問題。這需要我們在與他聊天的時候，主動激發對方某一方面的興趣，只要他有了自己喜歡的事情，就不會每天只想找人閒聊了。

總而言之，逐客令在必要的時候還是要提出的，只要我們用心一定可以想到好辦法，讓那些「好聊」份子不再一天到晚找我們啪啦啪啦聊個沒完。

7・學會說「不」的藝術

在現實生活中，人們互相幫助是很正常的事情，但是有些時候，別人的請託已經超出了你的能力範圍，在這種情況下，如果你還是勉為其難地答應對方的請託，那麼很有可能會出力不討好。

凡事要量力而行，能夠幫助別人的時候，自然是義不容辭。但是如果事情已經超出了自己的能力範圍，最好不要因為面子而勉強答應對方，該拒絕的時候要堅決拒絕。但是拒絕的話總是不容易出口的，上司的要求，避無可避；朋友的請託，礙於情面難開口拒絕。因為拒絕的話說得不好，肯定會影響自己的人際關係。所以，在拒絕別人的請託的時候，一定要避免生硬的拒絕，繞個圈子委婉地將「不」說出口。這樣才能讓自己不為難，也不會讓對方感到不舒服，這才是最高明的拒絕方法。

通常主管在工作上的要求一般是無可避免的，如果你能夠完成主管的要求，那麼他必然會「龍顏大悅」，你的前途也是一片光明；但是如果你不能完成他的要求，那麼你的前途就岌岌可危了。然而有些時候，主管的要求未必合情合理，有些真的是超出自己的能力範圍或是已經完全不合情理了。這時候，就可以斷然拒絕了。可是該怎樣婉轉拒絕主管不合理的要求呢？

劉娜的總經理是一個階級觀念深厚的強硬派，經常會對員工頤指氣使，並且提出一些不合理的要求，還不允許員工說不。

不久，公司接了一本畫報，全體開會討論如何刺激發行量。老總對劉娜說：「週六週日叫你們企劃部門的所有員工都上街賣畫報，另外還要動員所有員工家屬購買，員工價打六折。」劉娜心想，我們就算天天擺地攤賣畫報也擴大不了太多發行量呀。但她還是忍住了。

週六週日過後，老總來問劉娜總共賣了多少本畫報。劉娜拿出一份詳盡的街頭畫報銷售企劃書，上面羅列了需要準備的事項，如海報、宣傳單、工作背心等，下面還有一個經費預支表。劉娜表示要做就要做到好，因此她週六週日加班製作了這一份銷售企劃書。如果通過，就可以按企劃書進行。老總拿走了企劃書之後，就再也沒說擺地攤賣畫報的事了。

面對上司的不合理要求，劉娜沒有直接拒絕，而是採取了委婉的態度，不僅維護了上司的面子，也維護了自己的前程。

拒絕上司的時候，最重要的就是不要讓他感覺到難堪，即使人人都知道他的要求不合理，你也必須給他找一個最合理的臺階。除了前面所講的辦法，還有很多辦法可以使用。比如，可以佯裝已經很盡力，或是利用群體掩護等等。這些方法都是很有效的，關鍵是要分清楚具體的境況，選擇性地使用。

除了應對主管的要求之外，在日常的生活中，我們還會遇到來自朋友、同事，乃至陌生人的請求，對於這些人的請求，我們同樣不能粗魯地拒絕，也應該用巧妙的方式進行婉言拒絕。應對這些人的請求，要做到不著痕跡的拒絕，可以採用以下的辦法。

- **保持態度上的熱情**

即使是面對陌生人的請求，我們也應該保持熱情，只要你能夠在態度上表示出誠懇，即使你最後以各種各樣的理由拒絕對方的請求，對方也不會認為你是故意不予理會的。這樣的拒絕是有禮貌的。

- **讓對方知道不只是他一個人被拒**

如果請求者認為你只是針對他一個人拒絕，那麼多半會不高興，所以，在拒絕對方的請求的時候，我們可以告訴對方，並不是自己不願意幫忙，而是有硬性的規定，沒辦法接受請求，而且被拒絕者已經很多了，自己實在是無能為力。

- **拒絕之前要表明你對他的同情**

你要讓對方知道，拒絕他的請求，絕非是因為自己不願意幫忙，而是實在沒有辦法。所以，在拒絕的時候，我們一定要對請求者表明自己的同情。這樣，多半不會引起對方的厭惡。

• 遇到難纏的人物，讓其知難而退

有些人不甘心被拒絕而總是糾纏不休，這個時候，我們就必須表示出自己的冷漠。當然，這可能會給對方很大的打擊，但這也是沒有辦法中的辦法。只要你讓他斷了所有的希望，他多半就不會再來。這種方法雖然有些「毒」，但是也比語言上的攻擊要好得多。

總而言之，拒絕的辦法有很多種，而且大多數都比直接拒絕更可取。因此，當我們無法完成別人的請託的時候，不妨可以參考一下這些方法喔！

第十章 聊天有禁忌，不要哪壺不開提哪壺

聊天是情感交流的一種重要方式，聊得好，能夠把陌生人變成朋友；聊得不好，則會把朋友變成陌生人。因此，聊天也不能隨性所至，想到什麼就說什麼，如果一不小心戳到了對方的痛處，必然會傷害彼此之間的感情。所以，聊天也不是百無禁忌，有些該規避的話題一定要規避，切忌哪壺不開提哪壺。

1．打人不打臉，罵人不揭短

每個人都有各自不同的成長經歷，都有自己的弱點和缺陷，也許是生理上的，也許是隱藏在內心深處不堪回首的經歷，這些都是我們不願觸及的「瘡疤」，也是我們在社交場合中想要隱藏和迴避的問題。被擊中痛處，對任何人來說，都不是一件愉快的事。尤其是他人身上的缺陷，千萬不能用侮辱性的言語加以攻擊。無論是什麼人，只要你觸及了這塊傷疤，他都會採取一定的方式進行反擊，藉此獲得一種心理上的平衡。

我們常說「瘸子面前不說短、胖子面前不提肥」，面對讓人失意或尷尬之事應盡量避而不談。避諱不僅是處理人際關係的技巧問題，更是對待朋友的態度問題。尊重他人就是尊重自己。為自己留口德，就是避免「禍從口出」。

蘇凡長得高大英俊，在大學校園內有「戀愛專家」的雅號。如今他是一家外資公司的高級職員，英俊的長相和豐厚的薪水使他在眾多的愛慕者中選上了貌若天仙的王丹丹。

一次，蘇凡帶著女友王丹丹去參加自己的大學同學聚會。大家自然而然聊起了大學校園羅曼蒂克的愛情故事，帥氣的蘇凡自然成了話題的焦點人物。

蘇凡的一位女同學嘴巴很快，她眉飛色舞地講述蘇凡昔日的風采，以及眾多女同學追求蘇丹的瘋狂舉動，還有蘇丹又是如何在花前月下與女生卿卿我我。「你小子那些伎倆，我都知道。你騙的那些小女生到處亂竄啊！其實，你什麼人，我能不知道？簡直就是個花花公子。」

王丹丹開始還聽得津津有味，覺得很有趣，直到聽到這句話之後，越聽越不是滋味，終於拂袖而去。蘇凡只好撇下同學聚會去向王丹丹解釋了。

人們對於自己的忌諱，通常極為敏感。由於心理作怪，往往把別人的無意當成有意，把無關的事主動與自己連結。有時，你隨口談一點什麼事，也很可能被視為對他的挖苦和諷刺，正所謂「說者無意，聽者有心」。因此，我們不僅應避免談論別人的忌諱之點，同時也應注意不要提及與其忌諱之點相關的事物，以免造成對方誤會，使他的自尊心受到無謂的傷害。

美國前總統佛蘭克林年輕時很驕傲，言行舉止，咄咄逼人，不可一世，後來有一位好朋友私底下找他洽談，用很溫和的語言說：「你從不肯尊重他人，凡事自以為是，別人受了幾次難堪之後，誰還願意聽你誇耀的言論。你的朋友將會一個個遠離你。你再也不能從別人那裡獲得學識與經驗了，而你現在所知道的事情，老實說還是太有限了。」

佛蘭克林聽了這番話之後，很受震撼，決心痛改前非。從那以後，他處處注意言語行為，謙恭委婉，凡事考量是否會傷害到別人的尊嚴和面子，不久之後，他便從一個被人忌妒和仇視，無人願意與之交往的人，轉變為受人們歡迎的成功人物。

中國有「逆鱗」一說。逆鱗就是龍喉下一尺的地方，傳說中的龍身上只有這一處的鱗是倒長的，無論是誰觸摸到這一部位，都會被激怒的龍殺掉。人也是如此，無論一個人的出身、地位、權勢、風度多麼傲人，也都有別人不能言及、不能冒犯的角落，這個角落就是人的「逆鱗」。

孟子說：「恭者不侮人，儉者不奪人。」荀子說：「與人善言，暖於布帛；傷人以言，深於矛戟。」的確，但凡具有一定修養、品德高尚的人是從不揭人之短的。

每個人都有自尊心，所以在公眾場合或人際交往中一定要做到「打人不打臉，罵人不揭短」，做到了這一點，你就能贏得更多人的青睞。

2．在失意的人面前，慎談你的得意

每個人都希望自己在獲得成功的時候與他人分享成功的喜悅，也許這其中含有炫耀得意的成分，但是這是每一個人都喜歡做的事情。與他人分享成功無可厚非，甚至還會給他人帶來喜悅，但是有一點你要記住，不管你有多成功，在談論的時候都要看清對象，千萬不要在失意的人面前談論你的成功，因為這無異是在別人的傷口上撒鹽。

有一天，袁有才約了幾個朋友到自己家裡聚會，主要的目的是想借著熱鬧的氣氛，讓目前正處於心情低落狀態的唐興和放鬆一點。

唐興和不久之前因事業經營不善，沒辦法只得宣布破產，妻子也因此和他感情不睦，想和他鬧離婚。他現在是內憂外患，不堪重負了。朋友們都知道唐興和目前的狀況，因此大家都避免去觸及與此有關的事。可是，其中一位朋友黃湯下肚之後，就口不擇言了，又加上自己做生意賺了一大筆鈔票，就忍不住開始洋洋得意，大談他的撈錢經歷，說到興處，還手舞足蹈，得意之情，溢於言表，這讓在場的人都感覺很不舒服。尤其正處於失意的唐興和更是面色難看，低頭不語，一會兒去洗臉，一會兒去上廁所，最後實在聽不下去了，就找了個藉口提前離開。他對送他出門的袁有才生氣地說：「他就是再會賺錢也不必在我面前炫耀，這不是存心氣我嗎？」

「木秀于林，風必摧之；堆出於岸，流必湍之；行高於人，眾必非之。」一個人不管多麼優秀，都必須要學會審時度勢，不能清高自傲，一意孤行。一個人在失意的時候要學會敬人，在得意的時候就更需要敬人。在失意者面前，千萬不要炫耀自己的得意。因為任何一個失意的人都不願聽到這樣的消息。一個聰明的人會將自己的得意放在心裡，而不是放在嘴上，更不會把它當作炫耀的資本。只有虛懷若谷地與他人相處，才能在社會上佔有一席之地。

在畢業一個月後，陳景林的班主任為他們班召集了一次聚會，目的在了解同學們的工作情況。酒過三巡，大家就聊開了。有的同學在一些國有企業找到了穩定的工作；有的在一些小公司做職員；也有整整奔波了一個月都還沒找到工作的同學。

陳景林喝下一杯酒就拉著旁邊的小林談起了自己找工作的經歷：「小林，你知道嗎？我三天時間就在外商銀行找到了一份工作，待遇很好啊！當時我去面試的時候就把面試官說服得服服貼貼的，他們提出的問題都太簡單了。面試不就那麼回事嘛！小林啊，明天週末，你陪我去買衣服吧，順便送你一套，你看你這衣服都皺成這樣了……」

頓時小林臉色很難看，後來就藉口身體不舒服先行離開了。小林走了之後，陳景林還不明白到底是怎麼回事，大家才告訴他，原來小林家境本就不太好，加上還沒找到合適的工作，心裡已經很不舒服了，聽了陳景林的炫耀，他不難受才怪呢！

人在得意之時難免有張揚的欲望，但是你在炫耀你的得意時，更要注意場合和在場的人，你可以對你的家人談，讓他們以你為榮，也可以在演說的公開場合說，對你的員工談，享受他們投給你的欽羨目光；但就是不能對失意的人談，因為失意的人最脆弱，也最敏感了。你的談論在他聽來都充滿了諷刺與輕蔑的意味，讓失意的人感受到你「瞧不起」他。當然有些人不在乎，你說你的，他聽他的，但這麼豪放的人不多。因此，你所談論的得意，對大部分失意的人而言就是一種傷害，這種滋味也只有嘗過的人才會清楚。

弘一大師李叔同曾說過：「對失意人莫提得意事，處得意日莫忘失意時。」

3・玩笑開過火容易傷害別人感情

好友、熟人之間適當開個玩笑，既能增進感情，又能調劑生活，但一定要把握尺度。在我們身邊的朋友，常常因為彼此太熟悉了，而大開玩笑，用此方式來炒熱氣氛，加深彼此之間的友誼。其實，既然身為朋友就應該是最了解對方的為人，什麼玩笑可以開，什麼玩笑不可以開，應該心中有數，不應該因為經常在一起而忘了應有的分寸。

有的時候，玩笑可以緩和一些聚會場合的尷尬氣氛，是人與人之間感情的調味劑，來得及時又效果突出。然而有的時候，玩笑話也會在不適當的地點，對著不適合的人，造成有意或無意的傷害。事情過後，輾轉方知，才知道竟是「玩笑開過了火」，使對方傷心欲絕，叫人心寒，這樣會使局面變得很難堪。

有一天，幾個同事在辦公室聊天，玲玲提起她昨天配了一副眼鏡，於是拿出來讓大家看看她戴眼鏡好看不好看。大家不願掃她的興都說很不錯。這時，同事蔣操因此事想起一個笑話，便立刻說出來：

「有一個四眼女生走進皮鞋店，試穿了好幾雙鞋子都不合適。於是，鞋店老闆蹲下來替她量腳的尺寸，誰知不小心碰掉了這位四眼女生的近視眼鏡。低頭找眼鏡的時候，四眼女生看到店老闆光禿的頭，誤以為是她自己的膝蓋露出來了，連忙用裙子將光頭蓋住。突然店老闆大叫：『渾蛋！又停電了！』」

笑話說完接著是一片哄笑聲，誰知事後竟從未見到玲玲戴過眼鏡，而且碰到蔣操再也不和他打招呼了。這真是說者無心、聽者有意，其中的原因不說自明。

開玩笑是人與人交流中不可缺少的一個環節，無處不在。會開玩笑的人，往往都是值得信賴和受歡迎的人。在茶餘飯後，幾個人湊在一塊，閒話家常，互相開個玩笑，讓大家樂樂，可以使人感到親切自然，營造一個輕鬆和諧的氛圍。尤其是在一些令人尷尬的場合，恰當的玩笑可以起到調節氣氛的作用，有助於縮短彼此的心理距離。

但是什麼事都有個度，飯不能亂吃，話不能胡說，玩笑自然也不能開過頭。玩笑開得適當，可以增添興致，一旦過火就難免會引發衝突，如果不能拿捏好尺度，即使是玩笑，也還是不要說出口比較好。

4．不拿別人生理缺陷開玩笑

煩悶的生活需要幽默，適時的玩笑也能營造良好的氛圍，讓人的心情舒朗。在人際交往中，開個得體的玩笑，可以鬆弛神經，活躍氣氛，營造出一個適於交際的輕鬆愉快的氛圍，因而幽默詼諧的人常能受到人們的歡迎與喜愛。但是，開玩笑要掌握好分寸，不管是多麼親密的人，切忌千萬不可以拿對方的生理缺陷開玩笑。

秦思思生性活潑，說話沒有顧忌，結果養成了喜歡揭別人短處的毛病。秦思思和劉曉娜在同一家公司上班，兩人經常在一起，所以導致劉曉娜經常成為秦思思的打擊對象。

因為劉曉娜受母親的遺傳很小就開始掉頭髮，儘管到處求醫，花了不少錢，可是現在頭髮還是脫落得差不多，她稀疏的頭髮下能明顯看到頭皮。為此，她不得不買假髮戴上，但是從此她的痛苦也展開了。秦思思常開劉曉娜的玩笑，說她戴了一頂「皇冠」，有時還建議她去給假髮染髮，甚至要給她梳辮子等等。

劉曉娜一直很反感秦思思的態度，但礙於彼此是同事，她也不好翻臉。有時笑笑，有時回嘴對方兩句，但大多數情況是忍著不發一語，劉曉娜的心裡異常痛苦。有一次，公司部門聚餐，秦思思好奇地提出要看看劉曉娜的「真面目」，她委婉拒絕之後，秦思思竟然拉住她強行扯下她的假髮，劉曉娜尷尬憤怒極了，當場就跟秦思思吵了起來。從此，兩人徹底斷絕來往。

拿別人的生理缺陷開玩笑是把自己的快樂建立在別人的痛苦之上，這樣的做法是人際關係的致命傷。也許聊天中你開玩笑的動機是友好的，目的也只是想博他人一笑。但是如果掌握不好玩笑的尺度，就會引起不良後果。往往說者無心，聽者有意，因此，聊天開玩笑的時候千萬要注意不要過了頭。不要認為彼此關係不錯，就可以隨意取笑對方的缺點。

你的玩笑話卻容易被對方當成冷嘲熱諷，很可能激怒對方，以致毀了兩人之間的友誼，致使你們良好的關係土崩瓦解，還會使其他人對你產生不好的印象。

某公司老總年過五十，卻娶了一位二十出頭的年輕妻子，並且結婚才兩個月，就生了一個小孩。這位老總為孩子擺滿月酒，親戚朋友都趕來祝賀。老總一個要好的朋友也來了，這個人心直口快，而且很愛開玩笑。今天這種場合他也沒有例外。

這位朋友為孩子準備的禮物是紙和鉛筆，他親自把禮物交給剛當上爸爸的這位老總，老總謝過了他，並且問：「孩子才滿月，現在給這麼小的孩子贈送紙和筆，不會太早了點嗎？」

「當然不早！」這位朋友笑著說，「您的小孩太性急了。本該九個月後才出生，可是他偏偏兩個月就出世了，再過五個月，他肯定可以去上學，所以我才給孩子準備了紙和筆。」他此話剛說完，全場轟然大笑，但是老總夫婦卻是臉色一陣青紅。本來很好的朋友，從此斷絕來往。

誰都不願意將自己的缺陷或隱私曝光，尤其是以開玩笑的形式公之於眾，這會讓他尷尬無比，甚至是憤怒。如果你不分場合不看時間隨意取笑他人的缺點，容易讓他覺得你是在冷嘲熱諷。如果他是個比較敏感的人，你一句無心的話就可能觸怒對方，使你們的關係變得緊張。所以一定要注意，有些玩笑話一旦說出去，就無法收回，也無法鄭重解釋。到那時候，再後悔也無濟於事了。

中國有句老話，「禍從口出」，玩笑不能隨便開，尤其不能拿別人的生理缺陷開玩笑。否則你們之間的友情很可能就會戛然而止，也許在以後的生活中還會成為對頭。真正聰明的人，是懂得對他人的隱私持有尊重的態度，要知道有些事只能點到為止，掌握好「火候」才能調節氣氛，增進友誼。

5．堅決不說風涼話

在我們身邊似乎總有那麼一些人，舌如利劍，無論你做了什麼他們都喜歡酸溜溜地說上幾句風涼話，好像一天不嘲諷你心裡就不舒服。可是他們卻從不考慮別人的感受，也從不管「心直口快」帶來的不良後果。

愛說風涼話的人大多具有極強的妒忌心，比如你買了一件稱心如意的衣服，他們會說：「穿起來好像村姑耶」；你偶爾在餐廳吃了一頓飯打卡上傳臉書，他們會說：「哎呀！真有錢，生活過得可真是舒服！」；你得到了上司的好評，他們會逢人就說：「人家平常兢兢業業的，沒事就往老總辦公室跑，能不招人喜歡嗎？」諸如此類的話不絕於耳，讓聽者如鯁在喉，卻又不好發作。所以，作為聰明人，一定要改掉愛說風涼話的毛病，這對你的人際關係有益無害。

劉志清在一家國際貿易公司做白領，雖然身居高位，卻總是不招人待見，原因就是愛說風涼話，總是想方設法地嘲諷別人，同事們都對他敬而遠之，他卻渾然不覺。

同事小韓在公司裡工作努力，勤奮上進，常常得到上級的表揚，劉志清和同事聊天的時候就說：「你看人家小韓，平時不言不語，一旦說話就一語言中，上司能不喜歡嗎？」小韓在娛樂時間和別人下跳棋的時候，無論輸贏，劉志清都愛和小韓的工作扯上關係：「小韓又贏了，下個單子的抽成又有了，趕緊請客，讓我們幾個哥們替你高興高興。」這些話不只在小韓身上出現過，其他同事也不能倖免，劉志清的做法讓同事們都很不舒服，雖然表面上相安無事，但是暗地裡大家都非常不喜歡劉志清。

林肯有句名言：「一個國家有五分之一的人是什麼都反對，既提不出自己的觀點，也不出來戰鬥，只會悶在家裡說風涼話，這樣是不好的。」相信每個人都曾經嘗過被人嘲諷的滋味，說風涼話的人在一旁津津樂道，自己卻只能生悶氣，心裡難受無比。為了自己和他人著想，不如將風涼話改成讚美或鼓勵，不論是誰都會喜歡和這樣的人交往。

薛慧欣是一個特別愛說風涼話的人，但是心眼卻不壞，朋友們也忽視了她這個缺點，但是最近發生的一件事，卻讓她得到了深刻的教訓。

那天，朋友小莉找薛慧欣陪她去相親，在路上，薛慧欣說：「就你這樣還去相親，不怕把人家嚇跑啦！」小莉覺得她在開玩笑，也就沒放在心上。到了目的地，雙方都聊得很開心，其間，薛慧欣還照樣開了幾句玩笑，嘻嘻哈哈說了一些小莉的糗事，讓小莉的臉色非常難看，薛慧欣卻還是一個勁地說，現場氣氛非常尷尬。約會結束的時候，對方說了一句再見就走了。小莉非常生氣，沒想到薛慧欣還繼續奚落小莉說：「有什麼好傷心的，這不是預料中的結果嘛！要我是他，我也不會選妳啊，不漂亮不說，還長得那麼胖，誰讓妳整天就知道吃啊……」傷心的小莉哭著對薛慧欣說：「我沒想到妳是這種人，從今以後，我沒有妳這個朋友了。」薛慧欣當場愣住，不知道自己到底哪裡做錯了。

也許你是開玩笑時說的話，也許你根本就沒有惡意，就是管不住自己的嘴巴，就算是再好的朋友，風涼話還是不說為妙，以免最後不歡而散，自己還莫名其妙。

人在取得成功的時候都想要得到他人的肯定和讚揚，如果你在人家志得意滿的時候說一些打擊人積極性的話，無疑是給他人潑涼水；人在傷心的時候，更是需要他人的安慰和鼓勵，如果你在此時此刻還要加上幾句風涼話，簡直就是雪上加霜。不管是前者還是後者，你所得到的結果都是不好的，所以，想要處理好同事間的關係，想要鞏固朋友之間的友誼，就要做到，不管什麼時候都要管好自己的嘴巴，堅決不說風涼話。

6．不要輕易指責別人

現實生活中，很多人在不了解實情的情況下，或者為了表現自己的優越感，動不動就說「你這不對，你那裡錯了」，聲色俱厲，言詞激烈，甚至侮辱謾　。殊不知，即使你是對的，你也應該站在他人的立場上考慮一下對方的感受。聰明人懂得給人留面子，知道指責的目的是為了讓別人認識並改正自己的錯誤，所以，有什麼意見可以委婉提出來，千萬不要輕易指責別人。

看別人不順眼，首先是自己修養不夠！因為指責別人，並不能讓他人立即改正，反而會顯得自己乏味，甚至會傷害到自己。一味指責別人是不明智的行為，有時候甚至讓對方與你為敵，讓你為此付出沉重的代價。

林肯年輕的時候，非常喜歡對別人進行評論，並且經常寫信諷刺那些他認為很差勁的人。他常常把信直接丟在鄉間小路上，使別人散步的時候能很容易看到。即使在他當上了伊利諾州春田鎮的見習律師以後，他還是經常在報紙上抨擊那些反對者。

一八四二年的秋天，林肯經歷了一件令他刻骨銘心的事情。當時他寫了一封匿名信發表在《春田日報》上，嘲弄了一位自視甚高的政客希爾斯。這封信使希爾斯受到全鎮人的譏笑。希爾斯憤怒不已，全力追查寫信的匿名者，最後查到是林肯寫的那封信。他要求和林肯決鬥，以維護自己的名譽。本來林肯並不喜歡決鬥，但是卻無可奈何，只能答應。他選擇了騎士的腰刀作為他的武器，並且請了一位西點軍校畢業生來指導他的劍術。

在接下來的日子裡，林肯一直處在一種十分愧疚和自責的狀態下，因為這一切都是他指責對方的錯誤而導致的。他在這樣的心態下等待著那驚心動魄的時刻的到來。幸好有人在決鬥開始的前一刻阻止了這場決鬥，林肯也因此逃過一劫。

任何人都不要輕易去指責別人，也許對方的行為舉止讓你忍無可忍，但是你完全可以使用更委婉的方式與對方溝通，而不是以指責來激怒對方，導致雙方關係進一步惡化。

做了錯事只知道指責別人，而不會反思自己，這是人們的弱點。因此，當你想要批評別人的時候，首先要學會換位思考，我們所要指責的人常常會為自己辯護，並反過來指責我們。一味地去尋找他人的缺點，指責他人，遠不如發現自己的缺點，反省自己。

喬治先生是一家機械公司的安檢人員，他工作中的一項任務是檢查員工們是否在工作時戴了安全帽。工作期間，每當他看到有員工沒有那樣做，他就會搬出一大堆公司的條文規定壓人，並命令員工把安全帽戴上。被訓斥的人當時會戴上帽子，可是一旦喬治走了，他們就又把帽子重新摘下來。

喬治後來換了一種管理辦法：當他看見員工摘下帽子時，他會很關心地問對方戴帽子是不是很不舒服或者大小是不是不合適。他的語氣始終是一種平等、關心和讓人愉快的口吻，當對方提完意見之後，他會誠懇告訴對方安全帽是用來保護員工的人身安全的，並建議對方工作時一直戴著它。這一次效果果然不同，所有的人都把帽子戴上了——因為喬治先生讓他們感覺，戴帽子是一種安全上的需要，喬治先生是在為他們每一個人的安全考量。

每個人在遇到挫折或者做錯事的時候，都想要從他人那裡獲得理解和慰藉。而真誠的理解和慰藉的確是起死回生的良藥。心地高潔的人深深懂得有過失的人的心理，往往能在別人出現過失時，善解人意，自我克制，出人意料地說出寬慰別人、溫暖別人的話，使有過失的人恢復自信和自尊。

面對別人的過錯，我們當然很生氣。然而，指責不僅於事無補，甚至會適得其反。尤其是在對方知道錯誤的情況下，你的指責也許會成為一種危險的導火線，一種能使自尊的火藥庫瞬間發生爆炸的導火線。所以，與其一味指責，不如寬容原諒他人，這樣一來，不僅能夠促使他人改正過錯，同時也會對你心存感激。

7・對別人的隱私要謹慎處理

人們似乎都有一種愛好，那就是特別關注他人的隱私。比如那些名人的隱私，街頭小報一旦出現一篇有關某某名人的隱私，如「某某離婚揭祕」、「某某情變內幕」之類，就容易被搶購一空。在人與人的交往中，為了避免引起別人的不快，贏得他人的尊重，一定要控制好想要窺探他人隱私的好奇心。

心理學研究表明：誰都不願把自己的隱私在公眾面前「曝光」，一旦被人曝光，他就會感到難堪甚至惱怒。隱私是與公共利益無關的個人私生活祕密，如果不是為了某種特殊需要，都應盡量避免接觸這些敏感區，免使對方當眾出醜。

在大學的時候，王巧和單麗麗是一個寢室的，兩人關係特別好，無話不說。後來，王巧發現單麗麗從來不提起自己父母的事，於是就隨口問了問，單麗麗一下子眼睛就紅了，說出了實話：父母在自己上小學的時候就離婚了，後來爸爸病逝，媽媽嫁了別人，自己一直跟著小姑生活。

為了安慰單麗麗，王巧也說出了自己的一個祕密，說自己也有難以啟齒的事，就是自己有體臭，之前做過手術，但傷口才恢復不久，就發現根本沒有清除乾淨，只要一出汗，味道就又來了。為了這件事，王巧很害怕和別人靠得太近。兩人就這樣互相安慰著對方。

一年後，王巧有了男朋友，一次，她不小心說出單麗麗沒有父母的祕密，沒想到男朋友是個大嘴巴，沒多久這件事就在班上傳開了。單麗麗很是生氣，於是也把王巧有體臭的事告訴其他人，大家這下子看王巧的眼神都變了。為了這事，王巧的男友和她分了手，而且王巧和單麗麗曾經那麼深厚的友誼也隨之破碎。

每個人都有自己深藏心中的幾個小祕密，如果你的朋友願意把一些祕密和你分享，那你們之間一定是非常好的知心朋友，對於朋友的隱私，即便他沒有叮囑你不要洩漏出去，但你自己應該心知肚明這種事傳出去會對他造成影響。所以對於別人的隱私，請一定要吞進肚子裡。

為人處世一定要把好口風，什麼話能說，什麼話不能說，什麼話可信，什麼話不可信，都要在腦子裡多繞幾個彎子。害人之心不可有，防人之心不可無。一旦中了小人的圈套為其利用，後悔就來不及了！

盧青在一家公司上班的時候，辦公室裡有個男同事一直對她不錯。有一次那個男同事找了個機會向她表白，說很喜歡她。當時盧青已結了婚，便告訴他這是不可能的，他說他不圖別的，只要能經常關心她就很快樂。後來有個和盧青關係還不錯的女同事發現了男同事對盧青特別的關心，就問盧青這是怎麼回事，盧青也沒多想就告訴了她。

誰也沒想到，沒過多久，因為工作上的事情，盧青和女同事鬧僵了，而女同事為了達到個人的目的，以盧青當初向她透露的情感祕密作為造謠生事的武器。這其中受傷害最大的還是那位男同事，最終他不得不選擇離開，盧青也為此內疚了很長一段時間。後來盧青談起這件事的時候說，有些情感上的隱私千萬不能對任何人說，說出來就可能給別人和自己造成不可彌補的傷害。

隱私是個人的事情，這種不願為他人知曉、不願被他人干預或者不願為公眾所知曉的心理是很正常的。所以在「吐露心聲」之前，請預想一下自己的言論是否會為自己贏得同情或帶來危害，保護自己立於安全地帶。

每個人都有屬於自己的隱私和小祕密。也許是過去的一段不堪回首的經歷；也許是一次不幸的遭遇；也許是自己做過的一件不光彩的事情；也許是自己內心情感世界的動盪變化等等，一旦洩露出去，就會對當事者產生各種難以預料的影響或傷害。

所以我們一定要善於控制自己，明白什麼是可以說的，什麼是不可以說的。不應說的話，無論在什麼情況下，無論對什麼人都不能洩露，一定要做到守口如瓶。不要讓別人的隱私從自己口中傳出，否則自己很容易受到傷害，苦果最終還是得自己吞的。

8·你的心事不要隨便說

在現實生活中，每個人都會有心事，但心事不能隨便對人傾吐，要謹言慎行。古語說：「逢人只說三分話，不可全拋一片心。」心事不要隨便說出來，當別人看透或者知道你的心事的時候，你的脆弱就會暴露在別人面前。任何人若能在保守祕密這個問題上處理得當，就不會因洩露祕密而把事情搞得複雜化。所以當你在滔滔不絕地向他人訴說你的心事時，你確定你找對人了嗎？

如果你的心事必須一吐為快，一定要想到：這件心事能對他講嗎？謹慎處理自己的心事，是對自己的保護，因為傾吐心事會顯露一個人的脆弱點，這種脆弱點會改變他人對你的印象。

袁熙是個脾氣暴躁的人。有一次，袁熙在沒有問清楚事情緣由的情況下就開始對他的下屬陳玲發脾氣，委屈的陳玲被訓斥哭了……下班之後，同事楊柳和陳玲一塊兒吃飯，楊柳說：「袁熙今天太過分了，你別往心裡去，別傷心了。」陳玲剛剛平復的心情又亂了，眼淚掉了下來說：「你說這件事怎麼可以怪我呢？平時什麼事我都是安排給下面的人來做。總得有個安排的過程，他想起這件事情就要求我立刻交出結果，我怎麼可能做得到呢？」

楊柳趕忙安慰說：「哎，誰讓他是老闆，老闆一不高興，說不定連薪水都不發給你。還是忍忍吧！」陳玲一聽這話哭得更傷心了：「怎麼忍啊？他也不弄清楚事情就亂罵人，誰也受不了啊。別看袁熙在我們面前耍威風，那天我逛街看到他跟一個年輕女人非常親密，一定是在外面養了小情人，哼，都這麼老了還這麼浪！一天到晚就知道對我們這些下屬發脾氣，真的是太噁心了。」

楊柳聽到這話沒有說什麼，淡淡一笑，一個星期以後，陳玲忽然接到通知，她被調到儲運部清點庫存了。陳玲為什麼突然間被調到儲運部門？難道是因為袁熙上次對陳玲發脾氣嗎？原來是陳玲在吃飯時口不擇言的「傾訴」，被楊柳一五一十地告訴袁熙了。

心理學家說，人若有心事，應該說出來，才不會在心內鬱積，悶出病來。這個說法基本上是沒錯的，要說出來可以，但不能隨便說。在傾訴之前一定要謹慎選擇傾訴的人，你也許只是想發發牢騷，沒有其他目的，更無意要傷害誰或對付誰，但是一樣米養百樣人，你永遠不會知道別人的心裏在想甚麼，小心你說的那些「心裡話」，或許有一天卻會變成人家對付你的「利器」。

一天，楊明生在酒吧裡遇到了喝醉酒的張鑫，看見張鑫喝得酩酊大醉，楊明生說：「老張啊，你喝醉了，我送你回去吧！」一臉醉意的張鑫說：「唉，你不知道我有多難過啊……」楊明生連忙附和：「知道、知道！」心想得趕緊把張鑫送回去，但心裡總歸有些彆扭，因為以前楊明生曾經找張鑫幫忙解決工作調動的問題，但遭到張鑫的拒絕。

楊明生心裡正琢磨著，只聽見張鑫醉醺醺地說：「上次你跟我說你調動工作的事情，不是我不想幫你啊，那個位子，當時多少人盯著看呢。大劉的兒子、老楊的侄子都想要，大劉的官比我大啊，我得看他的臉色行事，不得不給他兒子。按理來說你的能力是最強的、最合適的，我也很想把那個位置給你的。但是我沒有辦法啊……」楊明生聽到這裡怒氣沖沖，他沒有想到自己申請調動工作失敗是因為大劉的原因。

第二天，楊明生就氣沖沖地闖到大劉的辦公室找他理論，越說越生氣，最後兩個人吵起來，楊明生非常激動地說：「昨天張鑫喝酒的時候都跟我說了，你還想狡辯。」沒過幾天，張鑫就接到公司的調職信了。

每個人都有尋求他人理解的本能。也許有一天，你遇到一個你以為很理解你、很能談得來的人，一時情緒失控將心事和盤托出，如果當時你沒有考慮你的傾訴會給你帶來什麼樣的後果，也只能等著後悔了。所以心事不是對誰都可以說的，即使是再親密的人，在向他傾訴的時候也要考慮清楚，那個人是否值得信任，以免你一吐為快變成日後他人攻擊你的把柄。

9．切莫逞一時口快而刺傷他人

在生活中，每個人都有過這樣的經歷：自己無意間的一句話，卻給別人帶來了很大的傷害，也給自己帶來了一些煩惱和困惑，到頭來自己還莫名其妙：「我就是隨意的一句話，他怎麼會生氣呢？有那麼嚴重嗎？」

蚊蟲遭扇打，只為嘴傷人。因為許多人常常不假思索就信口開河，因而導致種種不良的後果。若只為滿足自己的一時口快而言語不慎，讓別人下不了臺，也會把自己的事情弄得很糟，這是不禮貌的，也是不明智的。因此，在與人交談時必須注意，切莫逞一時口快，而刺傷他人。生活中會遇到這樣一些人，心直口快，說話不講究措辭和語氣，怎麼想就怎麼說，這樣的人我們通常會說沒心眼，然而這種人往往容易在不經意間傷害到別人。

下班回家的鄭立新看到鄰居劉柏林在和一個退休的老幹部下象棋，身為象棋迷的鄭立新立即捲入了其中。看著看著，鄭立新感覺一方走的一招棋不甚理想，便不可抑制地開口：「哎喲，這棋走得錯呀！」劉柏林白了鄭立新一眼：「我還用你教呀？觀棋不語你不知道嗎？」而那個老幹部則客客氣氣地說：「要不下一局你來下。」在兩個老者的「軟硬兼施」下，鄭立新被迫住了嘴。可是不久又見劉柏林有臭招出現，鄭立新那嗓子不知怎的還是奇癢無比。為了不再挨　，只好勉強忍住。可是，如果再忍下去的話，就又犯了見死不救非仁義之嫌了——因為老幹部出了一手妙招，劉柏林卻還蒙在鼓裡！鄭立新又一時口快：「快回馬！快回馬！」此話一出，就知又錯了，還來不及改錯，那位一直很客氣的老幹部終於怒不可遏罵著：「你這人怎麼嘴這麼快啊！」

受此一番羞辱，鄭立新悻悻然離去，心裡卻很不是滋味。轉念一想，誰喜歡在做一件事

情時有人在一邊指指點點地絮絮叨叨呢？自己的一時嘴快，無疑會刺傷別人的自尊心，這種招人厭惡的事自己為什麼要做呢？

心直口快並不是什麼優點，特別是那種不負責任的對人不對事的挑剔指責，全然不顧自己的德行修為，對不熟悉的人來說是莫名其妙的反感，對朋友來說是不能接受的尷尬，對愛人來說是心碎一地的重傷難癒合。就算是真話，有些場合和有些時候說出來也會很刺耳，就更別提那種自以為是的「真話」了。

說話不注意，只因一時口快就惡語傷人，不僅傷人面子，還會破壞朋友之間的感情，若本來就是不太熟悉的人，恐怕還會徒增怨恨。逞一時口頭之快，只會給自己樹敵，人際交往的原則應該是永遠避免跟別人發生正面衝突，只有謙卑待人，才能得到長久的友誼。

第十一章 調整不受人歡迎的說話習慣

每個人都有自己不同的說話習慣，有的人雷厲風行，說話快人快語；有的人不疾不徐，說話慢條斯理；有的人不善言談，說話結結巴巴；有的人過於高傲，說話頤指氣使；有的人過於張揚，說話鋒芒畢露；有的人舌燦蓮花，說話滔滔不絕。不同的說話習慣帶給他人的心理感受是不一樣的，有些說話習慣會讓其他人感覺到極不舒服，這樣的人必然會被他人所排斥。所以，我們應該努力調整那些不受人歡迎的說話習慣。

1．抬高自己，但別貶低別人

每一個人都願意和優秀的人交往，因此，為了獲得良好的交際效果，得到更多人的贊同，在社交場合中，抬高自己是有必要的。善於交際的人，總是會在社交場合盡量將自己的優勢展現出來。比如，善於言談者，總是能夠找到新穎的話題供大家討論，並將話題的討論帶向高潮；博聞多識者，總是會不失時機地展現自己淵博的知識和廣泛的見聞。這樣的人常是社交場合中的寵兒，他們的表現多能贏得掌聲。

但是，在抬高自己的同時，切記不要貶低他人。比如，你在展現你的健談時，不能總是強逼那些不善言談者發言；你在展現自己的博學多才時，不能總是向那些知識匱乏的人詢問問題。否則，你抬高自己將會失去意義，因為那些被你嘲諷的人將會怨恨你，而其他人也會因為你的這種行為而對你的人品產生懷疑。

事實上，所謂的「抬高自己」就是在社交場合中努力表現自己，將自己的優點無限放大，然後掩飾自己的缺點，這樣則可以給人留下一個好的印象。但是有些人卻不是這樣，他們總是認為抬高自己與貶低他人有必然的聯繫，因為沒有人作為對照組，很難凸顯自己的優秀。所以，他們在不自覺中，將自己與他人進行比較，雖然凸顯了自己，卻得罪了別人，結果是影響自己在別人心目中的形象。

李建軍是一家公司的經理，事業有成，有房有車，算是一個生活得很不錯的人。那一年，他突然心血來潮，想要舉行一場大學同學聚會。經過他的精心準備，大概邀約了二十人前來參加。

聚會的地點選在一家高檔餐廳，李建軍早早就在那裡等候著。這一群多年不見的老同學一見面，感覺分外親切。酒酣耳熱之後，大家開始聊起各自的生活。李建軍非常得意，因為在所有的同學裡，幾乎沒有一個人可以和他相比。也不知是酒勁上來了還是怎麼著，他一直在飯桌上誇誇其談，講述自己的奮鬥史，講述自己現在所取得的成就。

在他講這些的時候，很多同學都聽得有些不是滋味，但是正在興奮狀態的李建軍並沒有感覺到。他斜著眼睛，看著一名看起來混得不怎樣的同學說：「老同學，看見了嗎？門口那輛最好的進口車就是我的，當時花了我三千萬呢！我聽說你是坐公車過來的，早告訴哥哥一聲，哥哥開車去接你啊！讓你體驗一下坐在豪華進口車的感覺。」那位同學冷冷說：「我可高攀不起。」然後甩頭離開。當時李建軍也沒有理會，依然自說自話。整個同學會的氣氛宛如冰宮。

第二天，李建軍酒醒了，意識到自己昨天過分的行為，於是他趕緊打電話向那個同學道歉。那位同學嘴裡雖然沒說什麼，但是李建軍聽得出來，他還在生氣，而且兩人關係就此破裂。

抬高自己是社交場合的必然要求，沒有人會阻攔我們，但是如果我們把抬高自己與貶低他人混到一起，那麼抬高自己的目的就無法實現了。本來拿自己的優勢與別人的短處相比就是不公平的，這種對比本身就毫無意義。再加上貶低別人實際上就是對他人的不尊重，這更加讓我們的人格大打折扣。

在我們周圍總是存在一些習慣用貶低他人的方式抬高身價的人，他們總是在不自覺中將貶低他人的話說出口。比如，當身邊的同事買了一件漂亮的衣服的時候，她馬上湊上前去說：「哎呀，你怎麼買這種廉價成衣呀，你記得我上週穿的那一件設計師品牌的洋裝嗎？那種款式才是最流行的。」本來同事買了新衣服，心裡挺高興的，但是聽了她這話，還會想把這件新衣服穿出來嗎？

如果你是刻意在公眾場合貶低他人，那麼只能證明你是一個心胸狹隘、缺乏修養的人。這會使你的形象在眾人面前一落千丈，最終眾叛親離。有些人為了表現自己，喜歡在背後談論別人的是非，拿別人的短處取樂；有些人對他人心懷怨恨，只要有機會，就會公開詆毀對方。這樣的行為會讓所有的人不恥，會讓所有的人對你的品行道德持有懷疑態度。

總而言之，為了擴展自己的交際範圍，提高交際的效果。獲得廣泛的人脈關係，我們有必要主動抬高自己，但是在這一過程，一定要謹記不能貶低他人。無論你是出於無心，還是出於有意，貶低他人的言論都會成為阻礙交際的絆腳石。

2·不要總想著「一吐為快」

在我們周圍存在著一些「大嘴巴」的人，他們從來不考慮什麼話該說，什麼話不該說，而是完全由著自己的性子，只圖嘴上的痛快，把該說的不該說的都說出來，結果因一張「大嘴巴」而到處得罪人。

說話的目的是為了準確表達自己的思想和意見，但也不是任何時候都能毫無顧忌地把自己的思想和意見表達出來。因此我們在說話的時候，必須要顧及到別人的感受，切不可只圖自己的嘴巴痛快，而不斷傷害他人。

說話是重要的交際手段，良好的溝通能夠促進人際關係的發展，但是如果我們口無遮攔，一次次用言語傷害對方，那麼它就會成為導致人際關係惡化的罪魁禍首。所以，我們一定要管好自己的嘴，話在出口之前，先在腦子裡過三遍，站在對方的角度想一想，這樣的話聽在對方的耳朵裡，會是一種什麼樣的感受？如果會讓對方感到不舒服，那就把話吞回肚子裡。

肖璐和李丹是一對死黨，在大學的時候就形影不離。畢業之後，兩人在同一個城市工作，雖然不能再像以前一樣天天在一起，但仍經常約見面聚會。兩人雖然已經不是學生了，但是大學時的脾氣還是沒改。只要一見面，兩人就互相調侃。一個說：「哎呦，你還活著呢！」另一個則說：「你都還沒歸西，我哪敢先去呢！我還等著給你送花圈呢！」說完兩人哈哈大笑。這樣的玩笑成了兩人關係的潤滑劑，使得兩人一直非常要好。

有一回，李丹生病了，在醫院一住就是一個禮拜，心情非常低落。作為好朋友的肖璐聽說了，自然是急忙趕過去探望她。看著好朋友憔悴的面容和無精打采的樣子，肖璐想逗她笑，於是說：「你沒死啊，害得我白高興了一場，我連花圈錢都給你準備好了。」誰知，這一回李丹沒有像往常一樣回應，而是瞪著雙眼，憤怒地說：「沒心沒肺的東西，滾滾滾，別再來煩我。我都在病床上躺著了，你還說這話！」邊說邊把肖璐趕了出去。

肖璐感到莫名其妙，好姐妹怎麼說翻臉就翻臉呢？

在說話之前，一定要考慮你的話是否合適，絕不可想說什麼就說什麼，這樣不僅沒有禮貌，而且容易造成他人的不快。即使是親密無間的朋友，也不是什麼話都能說的。平時，開開無傷大雅的玩笑，是增進友誼的潤滑劑，但是場合和時機不當的時候，如果你還是像以前一樣，那麼你的話就會傷到對方了。

不同的場合應該說不同的話，同樣的一句話在不同的場合說出來給別人的感受是不一樣的。比如，在公開場合，當你看到一個人的褲子拉鍊沒有拉好的時候，你不能當著眾人的面說出來，那會讓對方非常尷尬。當你聞到一股難聞的氣味的時候，也不要大聲責問：「是誰放屁了？」

與別人進行交談的目的是增進彼此的關係，當我們能意識到這一點的時候，我們就會非常認真地考慮自己所說的話是否合適了。性格直爽在某種意義上來說，是一種很好的特質。但是在實際生活中，卻往往容易因為太過直爽而傷害他人，最終使周圍的人都不敢與自己過於親近。所以，無論你是什麼樣性格的人在說話上都要注意，與別人說話的時候，不能為了逞口舌之快，而不顧他人的感受。

一吐為快雖然會讓我們感到很痛快，但是卻有可能會給自己招來禍患。當我們一而再、再而三地因言語的不當而觸犯到旁人的時候，禍根已然種下。若是我們出言不遜，觸犯到的是能夠決定我們前途的人，那麼我們的前途也就會毀在自己的說話上。

某公司在召開年度總結大會，老闆正在上面就全年的公司運營狀況進行詳細的總結，突然一名員工站了起來，大聲喊道：「錯了，錯了，您剛才說的數字錯了，那是上一季報表的統計數字，年底的應該是……」正在臺上講得眉飛色舞的老闆聽到這話，羞得面紅耳赤，臉色變得要多難看有多難看，這突如其來的狀況讓老闆措手不及。事後老闆就隨便尋了一個理由將那個員工開除了。

事實上，管好自己的嘴巴，最重要的是控制好自己的情緒，在很多時候，一些不該說的話往往都是在情緒煩躁或者是異常憤怒的時候說出來的。比如說，當你受了委屈的時候，你有可能會到處傾訴自己的委屈，在這個時候很容易吐露不當的言語；當你和別人吵架的時候，怒火沖昏了頭腦，只想在語言上壓倒對方，你就會專門抓住對方的痛處「下手」，在語言上攻擊對方。

總而言之，如果你不想因為言語的失當而使自己被孤立，不想因為語言的失當而影響自己的前途，那麼就請管好自己的嘴巴，把那些不該說的話全部都吞回肚子裡。

3．不要光說不練，愛吹牛的人惹人厭

在我們周圍總存在一些喜歡誇誇其談的人，他們嘴皮子上的功夫可說是無與倫比，整日裡將自己誇得神乎其神，可是從來沒有人見過他真正做出過什麼成績。比如說，有人經常說自己歌唱得好，可是從來沒有人真正聽過他唱歌；有的人經常吹噓自己曾做過多大的事業，可是人們卻從他的身上看不到任何成功人士的影子。這樣的人正印證了一句老話「天橋的把式，光說不練」。

老北京的天橋上有個武術場子，武術場子是兩父子擺的。做父親的宣稱自己有一手「彈弓絕技」，他可以打含在兒子口中的彈子；兒子就在旁邊配合，鼓著嘴，把彈子半含在嘴中。父親把自己的神技講完了之後，並不急著表演，而是先收錢。等到錢收得差不多的時候，有一大半的人已經離開了。於是他接著再開始向新來的觀眾講述自己的「絕技」。如此循環往復，他一直不需要表演就可以收到錢了。

光說不練的人是最討人嫌的。當人們都不知道他的底細時，或許會被他精彩的「演說」所吸引，個個對他很佩服。但是長時間「光說不練」，人們自然就對他的底細有了真正的了解，誰也就沒有閒工夫聽他耍嘴皮子了。當一個人把吹牛變成是一種習慣的時候，早晚會成為人們的笑柄。因為沒有人的大話是沒有破綻的，被人識破是早晚的事情。

一個人之所以愛吹牛，主要的原因多是希望獲得他人的認同、讚賞，而自身的能力不足決定了他不可能在現實中做出什麼大成就，因此他只能透過吹牛的方式來滿足自己的虛榮心。可是，這樣的人卻沒有意識到，這種自我陶醉的做法根本就不靠譜，雖能一時過一過乾癮，但日後卻成了吹牛皮的騙子，不再有人相信他了，即使日後想要腳踏實地，只怕也不會有人再給他機會了。

李俊從小就有一個壞毛病，那就是喜歡說大話。當他大學畢業開始參加面試時，在面試官面前，將自己誇得非常優秀，面試官對他這個侃侃而談的小夥子也非常看重。就這樣他得到了工作。

他所做的工作是策劃，這一天，部門的主管找到他說：「小李啊！你今天上午做一個網路影片的廣告來宣傳咱們公司吧，做好之後發給我，我要把它放在公司網站發布。」李俊腦袋一陣空白，怯懦地說：「對不起，我不會做網路影片。」主管莫名其妙地看著他說：「當時面試時，你不是告訴我說你既會平面設計，又是網路編輯嗎？怎麼現在又說不會做了呢？」李俊沒想到，主管還記得這些，只能硬著頭皮說：「我只懂得一點點，如果讓我單獨完成一個網路影片的編輯，我是做不來的。」主管不悅地看了看他說：「那我知道了，你不用做這些事了。」

從此以後，李俊明顯感覺到主管對他沒有以往的熱情，也不再安排他做任何工作了。沒有等到試用期滿，才一個禮拜，李俊就被辭退了。

當我們將自己的能力無限誇大時，就應該想到這些吹牛的話是不可能長久的，當別人要用實踐來檢驗的時候，就是一切露餡之時。所以，無論在什麼時候，我們都應該誠實，自己有多大的能耐，就說自己有多大的能耐，如果沒有，切不可自我誇大。

不僅如此，當你為了滿足自己的虛榮心，而不斷在旁人的面前吹噓自己的時候，對於他人來說就是一種不尊重。比如，當別人正在興高采烈地說自己拿到了某某獎的時候，你突然插口說，這樣的獎你曾經拿過很多次，言外之意就是這種獎根本就不值得一提。你的這一句話吹噓了自己，卻得罪了別人。

吹噓自己不具備的或者根本就沒有的能力，只會招惹別人的厭惡，當我們被人定義為「愛吹牛的人」，再想重新建立自己的形象就很難了。一個會吹噓自己，卻做不出成績的人，不會得到任何人的讚賞。吹噓自己的人或許就是僅僅為了獲得心理上的滿足，卻沒想過，當他用吹噓的方式糊弄周圍的人時，一旦有人將他的話當真，而他又不能兌現自己誇下的海口時，會是怎樣的一個窘境。

唐昭宗乾寧三年，天下大亂，唐昭宗憂心忡忡，希望有一個傑出的人才能夠輔佐自己，平息一切。時任國子監博士的朱樸自誇道：「如果我當宰相，一個多月就能使天下太平。」病急亂投醫的唐昭宗相信了他的話，提拔他為左諫議大夫，同平章事。

朱樸昏聵無能，見識淺薄，是一個迂腐的儒生，根本就沒有什麼安邦定國的才能。詔令頒布之後，朝野上下議論紛紛。當上宰相的朱樸一直拿不出能夠讓天下太平的措施。唐昭宗一怒之下將他貶到邊疆蠻荒之地去了。

總而言之，做人最重要的是要本本分分、腳踏實地，即使你沒有過人的才華，只要你實實在在地做事，一樣能夠獲得別人的尊重。因此，與其花大量的時間、精力來編造那些欺騙他人、欺騙自己的誇大言詞，不如確實提高自己的能力，做好自己的事情，用事實來贏得他人的認同。

4．長話短說，長篇大論令人厭

你是否因為別人的囉哩囉嗦拍案而起，是否因為別人的含混不清而大聲喝斥呢？恐怕每個人都有過這樣的經歷。那些連篇累牘的話語是最容易引起別人反感的，也是最讓人難以忍受的。當一個人囉哩囉嗦了一大堆，還沒有說到重點的時候，傾聽者必然是煩躁無比。

你的話語是否精彩，是否有力量，是否能夠贏得他人的共鳴，與你所講話的長度沒有任何關係的。真正能夠贏得聽眾的講話是那些充滿理性和思辨、擁有獨特的觀點的話語。如果你在講話中不斷用一些大話套話，講一些陳詞濫調，不斷地重複別人曾經講過的眾所周知的觀點，聽眾在聽了一段時間之後，依然是不知所云，那麼你的講話必然會引起聽眾的心煩和厭倦。那些高明的演說家，從來不會在演講中浪費大量口水，他們只用短短的幾句話就能贏得聽眾的掌聲。

一九三九年六月十八日，法國流亡將軍戴高樂在英國廣播電臺發表演說。當時德國入侵巴黎，法國合法政府解體，形勢極為混亂，法國人民也是人心惶惶。在這場演說中，戴高樂將軍開門見山地提出當時縈繞在人們心頭的三個尖銳問題：「事情已經定局了嗎？希望已經沒有了嗎？失敗已經註定了嗎？」對於這三個問題，戴高樂將軍是這樣說：「沒有！法國並沒有完蛋。那些使我們失敗的因素，總有一天會令我們轉敗為勝的！」就這樣短短的幾句話給了正在慌亂當中的法國人民精神支持，也鼓舞了法國人民的鬥志，堅定了法國人民鬥爭到底的決心，同時狠狠打擊了德軍的囂張氣焰。

戴高樂將軍的演說非常簡單，沒有對戰局的分析，沒有對影響戰爭因素的分析，也沒有各種無聊的官話。戴高樂的正常演說只用了兩百多個字，但是這兩百多個字，每一個字都深深撞擊著法國人民的內心，引起法國人民的強烈迴響。這篇著名演說在第二次世界大戰中起了力挽狂瀾的作用。

無論在什麼時候說話，想要抓住別人的心神，最重要的就是要切中要害，在最短的時間將自己想要表達的意思表達清楚，將對方想要了解的資訊傳達給對方。只有這樣，聽眾的全部心思才能夠被你的話語所吸引，才不會被你的話語催眠。比如說，當你要向別人傳達消息的時候，如果你從這個消息從哪裡來，你又從哪裡得到這個消息說起，那麼聽消息的人必然會極其不耐煩。相反，如果你先將消息的主題告訴對方，滿足了對方的好奇心理，他才會耐心地了解消息的具體內容。這也就是為什麼新聞消息要採用「倒金字塔」結構的原因。

很多人之所以會在那種長篇累牘的報告會或者是演講會上昏昏欲睡，就是因為講話者不能在第一時間講出吸引他們的內容。那些照本宣科式的演講對於聽眾來說簡直就是一種折磨，當然沒有人喜歡聽。

所以，我們平時的講話一定要注意不要囉哩囉嗦。無論是和別人閒聊，還是向別人提意見，都要用最簡單的話語將自己的意思表達清楚。

尤其是我們要勸服別人的時候，更要讓自己的語言簡短精煉，一針見血，否則我們的意見是不可能被對方接受的。因為我們無法一針見血點到問題的關鍵部分，就無法令對方瞬間覺醒，而我們那些囉哩囉嗦的言語則有可能會觸怒對方，加劇對方的反感，造成對方對他自己意見更頑固的堅持。

上林苑是供皇帝打獵嬉戲、遊玩消遣而建造的一大片園林。丞相蕭何認為園林奢侈，應該縮減，於是向劉邦建議將上林苑中的大片空地讓給老百姓耕種。劉邦為此大發雷霆，讓老百姓在上林苑旁邊種地是前所未有之事，也是對皇帝的不敬。所以，劉邦認定蕭何是收了老百姓的錢財，才這樣為他們說話辦事的。於是他下令將蕭何抓捕入獄。

在這萬分危急的關頭，一個姓王的侍衛官上前勸告劉邦說：「陛下是否還記得當年與項羽抗爭及後來剷除叛軍的事情呢？那幾年，皇上在外親自帶兵討伐，只有丞相一個人駐守關中，關中的百姓非常擁戴丞相。假如丞相稍有利己之心，那麼關中之地就不是陛下的了。您認為，丞相會在一個可謀大利而不謀的情況下，去貪圖百姓和商人的一點小利嗎？」

簡短的幾句話，句句擊中要害，劉邦深有感觸，立刻意識到自己錯怪了蕭何，於是當天便下令赦免蕭何。這個侍衛官是個聰明人，他懂得如何去勸諫人。如果他痛哭流涕地在劉邦面前，細說蕭何立下的大功，請求劉邦赦免的話，只怕會更加加重劉邦的疑心，蕭何恐怕已經死無葬身之地了。

總而言之，無論和什麼人說話，最重要的就是要在第一時間讓對方清楚明白知道自己的意思。這就需要我們懂得抓住問題的關鍵點，減少說那些無用的客套話，直接切入主題，用最簡潔有力的語言將自己最迫切想要表達的觀點表達出來。只有這樣說話，才能讓對方樂於傾聽，而不會因為我們的話枯燥乏味、漫無目的而心生厭惡。

5．抱怨的話不要太多

當我們感受到不公平或者是被負面情緒所籠罩的時候，抱怨的話就會不斷地從口中冒出。

當我們始終沒有好的機遇的時候，我們會抱怨命運的不公平；當我們始終沒能得到提升的時候，我們會抱怨上司不懂得慧眼識英雄；當我們為收入過低而煩惱的時候，我們會抱怨公司不給自己加薪；當我們感到疲憊的時候，我們會抱怨工作太多。總而言之，現實的生活中，總是有很多事情「值得」我們抱怨。

抱怨的話在很大程度上可以幫助我們舒緩鬱悶的心情，然而，當我們經常把抱怨的話掛在嘴邊的時候，將會給我們帶來很大的負面影響。生活中總是有很多的事情會讓我們不滿，如果我們對每一件不滿的事都要抱怨的話，那就真的沒完沒了了。如果這些抱怨的話被不應該聽到的人聽到了，那麼最終更是會毀了我們的前途。

廖波是一個非常優秀的人，也是追求完美的人。當他被獵頭公司「獵」到一家民營製造企業擔任製造總監時，他決心做出一番事業。可是很快地他發現這家公司存在很多問題：戰略不清晰、管理混亂、保險不健全、老闆經常變換思路等等。這些問題在廖波看來都是一個優秀的企業不該存在的。

然而，他並不是老闆，這裡的一切並不能任由他來改變，所以，他越來越感覺工作環境很受壓抑。有一回，他實在是忍不住了，對老闆抱怨說：「你請我來是為了拚事業的，不是來附和你們的朝令夕改的。」不僅如此，他還經常在同事群抱怨企業存在的問題，說這樣的企業沒有前途，這樣的老闆不值得效力等等。

一開始的時候，這樣的話傳進老闆的耳朵裡，老闆並沒有太在意，畢竟廖波是個不可多得的人才。但是，當這樣的話源源不斷傳進老闆的耳裡時，老闆有些動搖了，因為這樣下去將會影響整個公司的士氣。最後，老闆終於決定將他辭退。廖波說：「這回簡直是掉進了火坑，居然還有這麼落後的制度和管理……」

現實的社會就是如此，永遠都不會和我們想像中的一樣，世外桃源就是一個幻覺，在現實生活中永遠不會存在。如果你總是以自己理想中的生活來衡量現實中的生活，那麼抱怨就會如影隨形。而這些抱怨根本解決不了任何實際問題，反而會給自己帶來麻煩。

當我們心中出現壓抑的情緒的時候，如果不能及時宣洩，必然會對自己造成不好的影響，但是如果我們把抱怨當成一種習慣，它將危害匪淺。無論我們對現實的生活有多麼的不滿，我們還是要生活下去，如果我們不能積極主動地去適應這個社會，那麼我們必將會被這個社會所淘汰。

當我們習慣於抱怨的時候，我們的行動力就會越來越差。盡管在很多情況下，我們的抱怨看似有根據，而且能夠把各種原因分析得很透徹，但是我們卻從沒想過藉由自己的努力去改變這一切。當我們把一切都訴諸於口頭以圖一時痛快的時候，別人對我們將會失去信任和支持。沒有任何人喜歡一個整天抱怨的人，也沒有任何人願意給一個只知道抱怨的人機會。

王小峰和宋離在大學的時候就是好哥兒們，大學畢業之後，兩人一直保持著聯繫。在兩年的時間裡，兩人都在各自忙活著自己的工作，很久才能見上一次面。但是每次見面，王小峰總是會對自己的哥兒們訴說自己的「不幸」，這讓老友難以理解，一向樂觀的王小峰怎會變成這個樣子。

王小峰大學畢業之後，工作的事情一直都不順利，前前後後換了四、五個工作，每一個工作都沒有做太長的時間，自視甚高的王小峰越來越覺得命運不公平，總是不斷抱怨自己時運不濟。所以，每次他和宋離見面的時候，都是他辭職的時候。心情不好的王小峰自然每次都在抱怨。剛開始的幾次，宋離為了安慰他也會隨聲附和兩句，然後鼓勵他振作起來。但是，長時間下來，宋離覺得不耐煩了，他怎麼也不明白王小峰怎麼會有那麼多的不滿。其實王小峰的抱怨是每一個和他一樣的大學生都遇過的困難，宋離也一樣，根本不值得抱怨。宋離覺得王小峰已經不再是他以前認識的那個好哥兒們了，也不再願意每次陪著他指天罵地，此後王小峰再邀請他時，宋離都盡量迴避了。

和抱怨一起的是失落和悲觀的情緒，每個人都希望和優秀的人結交，都希望能和自己的朋友互相勉勵，一起進步，而不是充當一個「救世主」的角色，每天去安慰自己悲觀的朋友。當然，每個人都有情緒失落的時候，也都有抱怨的時候，偶爾和朋友一起「指天罵地」當然是沒有問題的，但是這不能變成一種常態。

抱怨得到的是一時的痛快，我們不能用抱怨代替行動。當我們只懂得抱怨的時候，我們就再也沒有能力去面對現狀。所以，不要再一遍一遍地向別人傾訴自己的不滿，那只會讓情況越來越糟糕，要記住：行動永遠比抱怨有效。

6・讓別人先說，自己後說

在現實的生活中，喜歡搶先說話的人大有人在，似乎只要是自己先說，就能夠以壓倒性的優勢折服對方，使對方感到自己是一個不平凡的人物。事實上，這是一種很不受歡迎的說話方式。首先，在談話中，搶先說話是對他人的一種不尊重；其次，在不了解對方的情況下侃侃而談，往往會被對方認為是一種自我吹噓。

比如說一些銷售人員為了推銷自己的產品，往往是滔滔不絕地向顧客吹噓自己的產品。其實顧客對於那種滔滔不絕、天花亂墜的推銷根本不感興趣，決不會因為你的三言兩語而立即購買。相反地，如果給顧客說話的餘地，使他對貨物有評論及問問題的機會，你的生意才有可能做成。

凌霞是一名房產經紀人，這一天有個客戶打電話說要找一間房子，對方還沒有說什麼條件，凌霞就開始自吹自擂，說自己的公司多麼專業，服務多麼周全，自己多麼認真，最後強調自己一定能夠幫助對方找到滿意的房子。等她喋喋不休說完之後，客戶才有機會把自己的要求提出來。

過了沒幾天，她找到一間自認為非常符合客戶需求的房子，然後打電話約客戶去看房。在看房的時候，客戶表示該房與自己的要求不符合，凌霞又開始勸說客戶買下這間房子，把這間房子誇得天上有、地下無的。客戶幾次想插嘴說自己不願意都沒能插上嘴。

最終客戶忍受不了她的狂轟濫炸，直接甩門離開。留下凌霞一個人愣在那裏。

讓別人先說，自己後說是一種很有效的說話方式。當我們以勸服別人為目的進行談話的時候，傾聽往往比說話更有效果，因為有效的勸服都是建立在傾聽的基礎之上的。

首先，傾聽是對他人的一種尊重。如果你在談話的過程中一直喋喋不休而不給對方任何發表意見的機會，自然會顯得非常霸道，對方自然不樂意將這樣的談話進行下去。相反地，如果你能夠注意傾聽對方的談話，那麼對方就能從你那裡得到一種被重視的滿足感，因為你的認真傾聽證明他的談話對你來說是有意義的。這樣，你與對方的談話就能夠越來越投機。

其次，認真傾聽可以幫助我們獲知對方的需求，這有助於我們展開有針對性和說服力的談話。當我們想要勸服對方的時候，我們首先要了解對方的需求，只有這樣我們才能給予對方所需的。透過傾聽對方的談話、觀察對方的語氣神色，我們就能有一個大致的判斷。

讓別人先說，自己後說，不僅在勸服性的談話中，在交際場合中也是非常有效的。在交際的場合，贏得別人好感的辦法不僅僅是表現自己的優秀，讓別人展現自己也是一種很好的辦法。不與別人搶話說體現的是一個人良好的修養，當別人在率先說話中得到滿足時，你的行為就會博得對方的好感。

然而，在現實生活中，我們往往總是先考慮如何表現自己，而忽略了給別人表現的機會，因此，很多人在交際場合總是表現得非常踴躍，無論討論什麼樣的話題，總是第一個發言。在出盡風頭的同時，也搶去了別人的風頭，反而得罪了其他人。在很多時候，千萬不要表現得過於張揚，適當收斂自己，給別人留下表現的機會，讓別人先說是非常重要的。

南朝梁武帝時，有一座寺院與農家發生田地之爭，雙方官司打到官府。因涉及寺院官府無法處置，最後將案子呈到皇帝面前。梁武帝看過之後，在案卷上批了「貞」字，經辦部門對於皇帝的這個判語十分不解，於是有人想到滿腹經綸的尚書左丞劉顯。劉顯果然聰明，說皇帝的意思是要把田地判給寺院。因為「貞」字可拆為「與上人」三個字，「上人」是對僧人的尊稱。其他人恍然大悟，按著皇帝的批示辦結此案。

這邊劉顯出風頭，一吐為快，炫耀了一番。那邊出謎題的梁武帝還等著群臣聆聽他的拆解呢，等著展示自己滿肚子的學問。梁武帝沾沾自喜心裡想，自己批示的「貞」字，群臣一定會「遍問莫知」、「眾莫能解」後反過來再請教他。事後，梁武帝才知道劉顯搶去了他本來可以解釋的機會，十分生氣，於是免了劉顯尚書左丞的官職，讓他到其他地方去「顯」示能耐了。

急於表現自己沒有錯，但是要注意選擇恰當的時機，如果我們的表現會搶了他人的風頭，那麼我們不妨讓一讓。為了出一時的風頭，而得罪了他人，埋下隱患是不值得的。其實，讓別人先說是一種謙遜的表現，當你在眾人面前把說話的機會留給別人的時候，對方一定會非常高興。不僅如此，你還可以根據對方的發言，揣度對方的心意，並組織自己的發言。比如說，參加研討會，就一個話題討論的時候，別人讓你先發言，你就可以把發言的機會讓給一些前輩，這樣，不僅對方會高興，自己也可以從對方的談話中獲取有益的資訊。

總而言之，讓別人先說，自己後說是一種很好的交際方式，它可以說明我們順利實現談話的目的，並能為我們贏得良好的人際關係。

7．有再大的功勞也不自誇

任何一個人的成功都離不開別人的幫助，其中包括上司、同事、朋友以及那些不知名的曾經幫助過我們的人。在成功的背後是我們和這些人共同的功勞。一旦我們將功勞據為己有，就會發現那些曾經幫助過我們的人臉上早已露出不滿的神色。所以，無論我們有多大的功勞都不應該在別人的面前自誇。

勞爾是一家報社的編輯，同時還兼任這家報社下屬的一本雜誌的主編。才華橫溢的勞爾在自己的崗位上做出卓越的成績，再加上他又是八面玲瓏的人物，與同事和上司的關係都處得非常好。這一切使得他的前途一片光明。

然而這一切在勞爾獲得一次大獎之後發生改變。有一回，勞爾主編的雜誌獲得了一項國際大賽的一等獎。所有的人都向勞爾道賀，而他自己也為此興奮不已。無論到了哪裡，他都會滔滔不絕地向別人講述自己作為主編，為這份雜誌付出的辛苦和努力。

不久，勞爾就發現不對勁了，編輯部中那些曾經和他一起奮戰的同事紛紛對他敬而遠之，就連一直對他讚賞有加的上司也刻意迴避他。這讓勞爾困惑不已，他不明白自己究竟做錯了什麼。

後來，經過他人的提醒，他才明白自己的錯誤。雜誌獲獎之後，他將所有的功勞都歸到自己，無論對誰，他從來不提同事的努力和上司的大力支持，只是一味講述自己的努力。這深深地傷害了曾經為這份雜誌付出過努力的同事和上司。為了挽回人心，勞爾公開向所有人道歉。不久以後，一切恢復正常。

我們要知道，無論立下多大的功勞，如果沒有其他人的配合與協助，都不足以讓整件事獲得成功。所以，無論在什麼時候，我們都不應該把自己的功勞掛在嘴邊。只要我們是真的立下功勞，即使我們不說，別人也會看在眼裡。我們一樣可以獲得同仁們的尊重和上司的器重。

功勞是一個人獲得認可的資本，一旦經常把它掛在嘴邊，那麼它就會變成招災惹禍的隱患。當我們時常把功勞掛在嘴邊的時候，就會陷入狂妄自大當中而目空一切，這必然會招來別人的怨恨。此後一旦有機會，別人必然會取我們而代之。

國家圖書館出版品預行編目資料

顏值高有眼緣，高言值得人緣 / 文天行編著．——初版——
新北市：晶冠，2020.03
面；公分．——（智慧菁典系列；15）

ISBN 978-986-97438-8-4（平裝）

1. 說話藝術　2. 口才　3. 幽默

192.32　　109000005

智慧菁典　15

顏值高有眼緣，高言值得人緣

作　　者　文天行
副總編輯　林美玲
特約編輯　謝函芳
封面設計　王心怡
出版發行　晶冠出版有限公司
電　　話　02-7731-5558
傳　　真　02-2245-1479
E-mail　ace.reading@gmail.com
部 落 格　http://acereading.pixnet.net/blog
總 代 理　旭昇圖書有限公司
電　　話　02-2245-1480（代表號）
傳　　真　02-2245-1479
郵政劃撥　12935041 旭昇圖書有限公司
地　　址　新北市中和區中山路二段352號2樓
E-mail　s1686688@ms31.hinet.net
旭昇悅讀網　http://ubooks.tw/
印　　製　福霖印刷有限公司
定　　價　新台幣299元
出版日期　2020年03月 初版一刷
ISBN-13　978-986-97438-8-4